百年巨匠

相见何妨共夕阳

大师 刘海粟

Century Masters
Liu Haisu

周瑞华 著

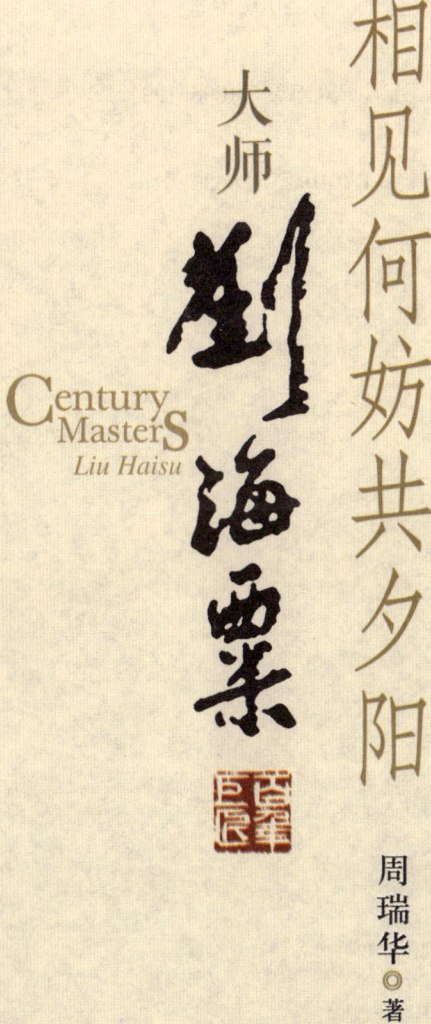

敦煌文艺出版社

图书在版编目（CIP）数据

百年巨匠：国际版．相见何妨共夕阳：大师刘海粟 /
周瑞华著． — 兰州：敦煌文艺出版社，2019.8
　ISBN 978-7-5468-1755-2

Ⅰ．①百… Ⅱ．①周… Ⅲ．①刘海粟（1896-1994）
—传记 Ⅳ．①K825.72

中国版本图书馆CIP数据核字（2019）第130636号

百年巨匠 国际版系列丛书

相见何妨共夕阳

大师刘海粟

周瑞华　著

总 策 划：杨继军　徐　淳　余　岚
责任编辑：余　岚
艺术监制：马吉庆
装帧设计：李晓玲　禾泽木

敦煌文艺出版社出版、发行
地址：（730030）兰州市城关区读者大道568号
邮箱：dunhuangwenyi1958@163.com
博客（新浪）：http://blog.sina.com.cn/lujiangsenlin
微博（新浪）：http://weibo.com/1614982974
0931-8773148（编辑部）　　0931-8773112（发行部）

成都市金雅迪彩色印刷有限公司印刷
开本 710毫米×1000毫米　1/16　印张11　插页1　字数150千
2020年1月第1版　2020年1月第1次印刷
印数：1～3 000

ISBN 978-7-5468-1755-2
定价：48.00元

如发现印装质量问题，影响阅读，请与出版社联系调换。
本书所有内容经作者同意授权，并许可使用。
未经同意，不得以任何形式复制转载。

目录 Contents

第一章 幼年启蒙 初露锋芒
2　第一节　早年家世
10　第二节　初到上海滩
16　第三节　逃婚办学

第二章 艺术叛徒
24　第一节　十七岁的美专校长
34　第二节　裸模风波
44　第三节　东渡日本
51　第四节　新美术布道者
58　第五节　艺术知音蔡元培

第三章 旅欧，架起中西艺术桥梁
68　第一节　初到欧洲
76　第二节　名震欧洲
83　第三节　与傅雷交恶

90　第四节　欧洲巡展

第四章 南洋义赈
96　第一节　《四行仓库》
103　第二节　以艺术为枪
110　第三节　南湾历险记
116　第四节　一生挚爱夏伊乔

第五章 重扬艺术之帆
126　第一节　人生低谷
135　第二节　年方八二
140　第三节　十上黄山

第六章 解读刘海粟
148　第一节　刘徐之争，百年恩怨
156　第二节　被时代误读的猖狂
162　第三节　刘海粟美术思想

第一章

幼年启蒙 初露锋芒

YOUNIAN QIMENG CHULU FENGMANG

刘海粟在幼年时期，便展现出超出同龄人的见识和气度。他性格大胆、叛逆，这得益于开明民主又充满书香气的家庭氛围，让他的自由天性得到了充分的施展空间。

第一节

早年家世

俗话说,三岁看小,七岁看老。刘海粟在幼年时期,便展现出超出同龄人的见识和气度。他性格大胆、叛逆,这得益于开明民主又充满书香气的家庭氛围,让他的自由天性得到了充分的施展空间。

在十来岁的年纪,他就经历了丧母、逃婚、办学等一系列在那个年代看起来离经叛道、胆大妄为的事件,有着超出同龄人的见识和胆识。

也许,从那个时候起,刘家的这个小儿子就已经隐隐地展露出,他将拥有一个与众不同的人生。

1896年3月16日,江苏常州青云坊钱庄老板刘家凤喜得贵子，虽然刘家凤已经有了八个儿女，但是老年得子，依然让刘家凤对这个孩子的到来十分开心。孩子出生的时候，脐带盘在腹部，刘家凤便给这个孩子取名为槃，又因排行第九，故又名刘九。这个孩子，就是后来在中国画坛有着举足轻重地位的艺术大师刘海粟。

刘家曾为常州的名门望族。始祖刘真在元末追随朱元璋，起兵常州，随后定居于此。常州号称千载读书地，中国科举第一家族庄氏家族即出于此，明清时期庄氏家族出了200多位中上级官员。刘氏家族受常州读书文化影响，人才辈出，在清代出过大学士刘纶，在当地颇有声望。到了刘海粟祖父刘青岩这一代，家境开始衰落，但相对普通家庭而言，依然生活富足。

刘海粟父亲刘家凤年轻时也是一个有政治抱负的人，他曾参加过太平军，希望能在官场有所作为，但仕途坎坷。他果断放弃从政道路，辞官回家，与人合伙在常州经营一家钱庄。经营钱庄是风险很大的生意，这倒也很符合刘家凤天生喜欢冒险的性格，他后来还把长子刘际昌送到日本学习金融管理，希望儿子日后能够帮助自己经营钱庄，做强做大。

刘海粟作品《巴厘舞女》

刘海粟作品《兔子花》

刘海粟作品《白龙潭荡激流》

刘海粟就是出生在这样一个富庶的书香门第。书香之家讲究念书，刘家于是在清廷废除科举之后，创办了"绳正书院"，刘氏家族子弟都在这里学习诗文，接受传统文化教育。

在刘海粟幼年的启蒙中，有两个人对他的影响十分关键。

一个是他的母亲洪淑宜。洪淑宜是清代著名文学家洪亮吉的孙女。洪亮吉是清代经学家、文学家，翰林院编修，不仅精通经史和音韵训诂之学，还是一位饱读诗书的藏书家。出身知识分子家庭的洪淑宜幼承庭训，精通诗词文学，性格豪爽大方，是刘海粟在文艺方面的启蒙老师。

1979年，刘海粟在接受香港学者高美庆采访的时候，这样描述幼年时期与母亲相处的温馨时刻："夏天，她让我坐在膝头；冬夜她坐在被窝中，将我抱在怀里，教我一句一句念唐诗。直至她老人家去世，我对这些诗也不能完全理解，只是觉得好听、有味，不很费力就记住了。"

与母亲就着一支红烛夜读的温馨时光，是刘海粟童年最幸福的记忆，不仅让他对母亲产生了深深的依恋，也在潜移默化中滋养了他，丰富了他的精神世界。在母亲的影响下，刘海粟很小就开始习读《三字经》、《千字文》、唐诗宋词、四书五经，在读书之余还学习音律书画。中国讲究"书画同源"，小时候读的诗词读本，早早地为他后来的绘画打下了基础。

另一个则是他的姑父屠寄。屠寄是清末民初史学家，曾先后应两广总督张之洞、钦差大臣延茂之邀，出任广东、黑龙江两地舆图局总纂。辛亥革命后，被推举为武进县民政长。屠寄在那个年代属于思想新派的精英人士，他阅历丰富，思想开明，可以说，他是刘海粟接触西方思想的启蒙老师。

刘海粟大约十岁左右与绘画结缘，在私塾里跟着教书先生临摹常州画派开山鼻祖恽南田的花鸟画。在初学绘画的孩子眼中，绘画不过是色彩和线条的组合，当时在私塾里学画就是最传统的临摹，用油纸蒙在一些名师的画上，学生一笔一画地跟着描摹。

刘海粟作品《白石桥边开睡莲》

刘海粟作品《荷花鸳鸯》

但是姑父屠寄告诉刘海粟，绘画可不是一笔一画地描摹，而是一种创造，需要深厚的文化造诣为基础。他鼓励刘海粟多读文学著作，知晓学习绘画须了解画家人品的道理。屠寄还为刘海粟制定了一套学习恽南田画作的学习计划，帮助他真正领悟恽南田绘画背后的人格和画魂。

人生经历丰富的屠寄常常跟刘海粟讲自己过往的那些经历。他从戊戌变法说到康有为，从维新思想谈到蔡元培，刘海粟在那个年纪听得似懂非懂，但是自由的根子已经渐渐埋在了他心里。后来当他从常州去到上海，姑父曾经描述的那个世界嚯地一下子成为现实展现在他眼前的时候，他比别人更激动、更想去拥抱它，也表现得更为激进。

屠寄还特别崇拜宋代词人苏东坡，爱他的豪迈和才情。苏东坡与常州也颇为有缘，他一生中曾十四次来到常州，并在六十六岁结束在海南流亡之后，举家返归常州，选择在这里终老，"此心安处是吾乡"，常州是苏轼的精神家园。至今，常州一直保留着当年苏东坡的故居，屠寄就常常带着刘海粟参观苏东坡的书院旧址，在苏东坡书院为他读《赤壁赋》，讲解当初苏东坡写下《赤壁赋》的心境，品评苏东坡的才情和人品。

这些知识开阔了年幼的刘海粟的眼界，让他了解到书本之外另一个波澜壮阔的世界。那时的刘海粟还叫刘季芳，这是父亲刘家凤为他起的名字。"海粟"是他在十七岁那年创办上海美专时为自己改的名字，其中"海粟"二字正是取自苏东坡的《前赤壁赋》中"渺沧海一粟"一句。据说这也是源自屠寄对他的教导："休得目中无人。成就再高，比之前人，犹如东坡公'渺沧海之一粟'。自大谓之'臭'字不是随便造出来的。"由此也可见姑父对他影响之深。

在姑父新思想的启蒙下，年仅十岁的刘海粟便开始涉猎《贞德传》《拿破仑传》《民约论》《天演论》等西方启蒙思想书籍。在那个相对封闭的年代，尽管这些书籍他读得懵懵懂懂，却也为他描绘出一个绚烂的世界，激发了他走出常州的渴望。

刘海粟幼年时期正值晚清末年，整个社会仍处于封建势力统治时代，但他家庭里新派的文化精英所营造的自由民主的氛围，再加上家境优渥，让他能够无拘无束地释放出他深思博览、敢作敢为的天性。

比如在私塾学画时，教书先生要求大家临摹恽南田的画，别的孩子一笔一画规规矩矩地照着描摹，而刘海粟却不求笔笔相似，只求师法其意，每每用笔奔放，不照着画帖，而是随意涂抹，日常所见的花卉、蔬果、昆虫都成了他笔下绘画的对象。这让古板的教书先生无法接受，斥之为"乱涂"。他还喜欢上课发问，常常弄得老师尴尬地下不来台。

刘海粟并不认同私塾的这种教育方式，他成名之后回想起幼年时规规矩矩的那些同学，竟没有一个画出名堂来的，颇为痛惜。所以后来他作画时，就常用"乱涂"二字题画以示纪念。

刘海粟在与高美庆的采访中讲述了儿时调皮捣蛋的一个细节：以前在常州地区，如果一个人反对另一个人，就会放鞭炮"炸"对方。刘海粟因为不喜欢私塾老师的教学理念，竟拿来鞭炮当着老师的面放了起来，这简直就是对老师的公然挑衅。

刘海粟作品《壁裂千仞 洞窥天光》

传统的私塾老师自然受不了学生给的这般待遇,却又不能奈他何,只好跑到刘海粟母亲那里去告状,希望她能够对调皮捣蛋的儿子严加管教。开明的刘母虽然对儿子屡屡"闯祸"很是无奈,却也不愿意对他的天性加以管束,而是对他的不安分和异想天开抱以支持和理解。

私塾老师没有办法,只好将刘海粟"劝退"。那时候康有为戊戌变法,政府废除科举,刘家就创办了绳正书院,十岁的刘海粟就去了绳正书院继续学习。现在回过头去看当年的刘海粟,他身上叛逆、不墨守成规、挑战世俗的天性已经逐渐显露出来,又受益于开明、民主的家庭氛围,让他能够将这份难得的天性保留下来,才有了后来的"艺术叛徒"和影响中国画坛的大师。

在人生的前十四年里,刘海粟一直过着"少年不识愁滋味"的生活,富裕的家境,再加上开明的家庭氛围,让他得以循着自己的兴趣爱好和天性自由自在地成长,表现出同龄人少有的灵性与悟性。他十一岁画的一幅充满童真童趣的《螃蟹》,后来被印在了1935年秋的《全国第一次儿童绘画展览会目录》的封面上。

第二节

初到上海滩

然而，好景不长，刘海粟无忧无虑的童年在十四岁那年戛然而止。

这一年里发生了一件对他影响十分重大的事情——一直以来庇护着他的母亲洪淑宜因肺病去世了。这对与母亲感情深厚的刘海粟来说，无异于晴天霹雳，慈爱又包容他的母亲走了，他的天都塌下来了。晚年时期的刘海粟回忆道，当他回到空荡荡的家中，推开门，家里四处都是母亲的气息，却再也见不到母亲慈爱的面容了。他因此痛哭了一场，心情十分抑郁。

母亲去世后，刘海粟想离开这个伤心地。那时候，上海由于特殊的地理、政治及经济环境，成为国际化大都市，聚

康有为

集了大批不同风格流派的画家,也由此发展出一个繁荣的美术商业、展览和教育构成的美术市场。常州与上海相距不远,刘海粟对上海美术行业的发达也早有耳闻,便跟父亲提出要去上海学画画。父亲心疼这个最小的儿子,知道母亲去世对他打击很大,也想让他出去散散心,便同意送他去上海。但是刘家在上海无亲无故,刘海粟在此之前也从未去过上海,一时之间觉得入学无门。

巧的是,绳正书院以前有一位老师谭廉,当时已经调到上海商务印书馆担任编辑,他与刘海粟的父亲为旧交,两人时常有往来。谭廉知道刘海粟想去上海求学后,想起自己在上海的一位旧相识周湘,新开办了一个布景画传习所,便把刘海粟引荐过去。

说起来,这位周湘在那个年代也算得上是革新人士,他出生于上海嘉定黄渡镇,自幼拜名师攻绘画,当时上海的王秋言、姚梅伯、杨伯润、钱慧安等名流都是他的老师。在众多大家名流的指导下,周湘小小年纪便崭露头角,二十岁出头的时候,便离开家乡北上,闯荡京城。初到京城的周湘只是个籍籍无名的年轻人,他在叔父家门口摆了一个书画摊,出售自己的书画作品。有一次,礼部侍郎许应骙经过他的书画摊,被他的作品吸引,停下来驻足观赏。得知这些作品都出自年轻的周湘之手后，许应骙大为赞赏，认为他年轻有为，是不可多得的人才，便将他引荐给光绪帝的老师翁同龢，翁同龢一看他的作品也大赞"今之石谷也"，两人就此相识，周湘也因此进入翁同龢的朋友圈。经由翁同龢介绍，他结识了一大批当时的维新派人物，与康有为、梁启超、谭嗣同等人均有密切的交往。

后来，受这些维新变法人士思想的影响，周湘成为一名维新党人，在1898年9月戊戌变法失败后，谭嗣同、林旭等六君子被慈禧太后为首的顽固派杀害，周湘也因此受到牵连，遭到追杀。他仓皇出京，先后避难至日本和欧洲，游历英、法、德等国，接触到大量西方绘画作品，开始学习西洋画法，专攻油画。

1907年，周湘因为弟弟去世回上海奔丧，回家后见父母已经老迈，加上弟弟去世后，二老老无所依，不忍心抛下父母再返欧洲，就留了下来。当时正值上海新学大兴，周湘认为自己多年辗转欧洲所学有了用武之地，便于1911年在上海的八仙桥开办了这所布景画传习所，课程以西洋画法为主，兼有中国画。这是上海最早初具规模的美术学校，当时有学生在这里上课之后称赞道："教学法新颖，非他人所望其项背。"

在谭廉的引荐下，十四岁的刘海粟人生第一次到了上海，跟着周湘习画。从家乡常州到上海，短短不到两百公里的路程，但对于刘海粟而言，却是打开了一扇新世界的大门。

刘海粟以前在私塾学画，都是用油纸印着画一笔一画地描，而在周湘这里有不同的画法。刘海粟后来回忆说，当时身兼校长、教师、总教务于一身的周湘，时常带着学生坐在马路边上，让学生跟着他临摹。周湘画一阵，学生跟着画一阵。第一幅背景画画的是马路，周湘也会跟他们讲一些透视学，教他们远景、近景，怎么去表现马路两边树的远近等。

在布景画传习所，刘海粟认识了比他年长很多的乌始光、张聿光、陈抱一等人，刘海粟是他们当中最小的。其中，乌始光是浙江宁波人，在上海经商多

拉斐尔的作品　　　　　　　　　　　　戈雅的作品

年,他自幼喜欢绘画,1911年7月19日进入周湘的布景画传习所,和比自己小很多的刘海粟成为同学。

据刘海粟后来回忆,他和乌始光虽然年龄上相差甚多,但却一见如故。乌始光在上海生活多年,对上海非常熟悉,经常带着刘海粟从八仙桥跑到自己所居住的虹口去吃外国菜。刘海粟第一次吃外国菜就是在乍浦路,当时看起来名不见经传的乍浦路其实是一条充满了文化气息的大街。1893年由英国商人托马斯·汉璧礼创办的公共学校——西童女校、1898年正式对外开放的虹口公园、1908年由西班牙商人雷玛斯创建的中国第一家电影院——虹口活动影戏园,都坐落在乍浦路上。南侧是静谧的苏州河,一到晚上被两边的灯光照得影影绰绰,灯光打在水面上,随着水波起伏,波光粼粼,很有意境。

当时的刘海粟和乌始光在乍浦路上闲逛时,大概做梦都没有想到,仅一年之后,他们也会在这条街上开办一所美术学校,并且对中国画坛产生深远的影响。

课余的时间里,刘海粟和一班同学结伴去外滩逛书店,在当时外滩的"别发""普鲁华""伊文思"这几家外文书店里翻看各种进口美术图书,节衣缩食买了拉斐尔、戈雅等人的画集。书中的欧美名画让这群对艺术充满了热情的年

刘海粟作品《巴黎凯旋门》

轻人仰慕不已,如痴如醉,通过品鉴国外大师的经典作品,绘画的技艺也得到很大地提升。其间,刘海粟还阅读了大量的外国文学译著,《法兰西革命史》《罗兰夫人传》等名著给了他民主主义思想的启蒙,对他未来的人生道路产生了深远的影响。

客观来说,虽然周湘的布景画传习所的教学在当时的上海比较新颖,但从硬件条件来说,还是比较简陋的。师资上,周湘一人身兼校长、教师、总教务等数职,凭着他一人之力撑起一所学校。为了省钱,他不得不让妻子孙静安和她的陪嫁丫头孙姝,上身穿着黑色丝绸肚兜,下身穿白色薄绸长裤在讲台上做模特儿,供大家临摹写生。

简陋的教学环境,再加上翻阅了大量的欧美大师的作品,开阔了眼界,半年后,刘海粟深感传习所呆板的教学模式已不能满足他旺盛的求知欲。他后来回忆说:"一间很小的屋子,十几个学生挤在里头,连一张整齐一点的桌子也没有。……什么教材也没有,拿一张自己的画往墙上一贴,叫学生就这么照着画,ABCD 也不同你讲的。"他便从传习所退学,返回常州的家中,和他一起回到常州的,还有一大堆世界级绘画大师的作品集。

"返回常州时,带回了格列柯、委拉斯开支、伦勃朗和戈雅的作品选集。"刘海粟在他晚年回忆时说道。也正是从这时开始,他开始大量临摹大师的作品。这在当时是一条很艰辛的路,那时中国学西洋画的很少,买不到油画颜料,他就用亚麻籽油调着色粉在布上试画,画干得慢,色也调不匀;不仅如此,就是想找人互相讨教,身边都很难找到一个精于此道的同好。

但是这种摸索给他带来劳动的喜悦,让他乐在其中。在常州家中的那段日子里,附近的约园、近园,稍远一些的红梅阁、文笔塔,都成了他练笔写生的好去处。

同时,在姑父屠寄的鼓励下,刘海粟还在青云坊的家中办起了图画专修馆,教同族中的少年男女们绘画基本功。图画专修馆侧重于自学,刘海粟每天带着族中的兄弟姐妹,上午临画或者写生,下午读画论,互相点评,用的是旧式书院和传习所结合的学艺方式。画馆办得有模有样,这已经为他后来创办上海美专打下了基础。

可惜这般闲云野鹤的日子并没有持续太久。时间到了1911年,刘海粟已经十六岁了,在那个年代,已经到了该成家的年纪,再加上父亲刘家凤已经年逾七十,就盼着自己这个小儿子能够早日成家立业,也算是完成了自己的心愿。

于是,刘海粟的婚事便被提上了日程。本来"男大当婚女大当嫁",但是家中为刘海粟安排的这桩婚事,却引起轩然大波,促使他再度离开常州前往上海。这次他去上海之后,开办了中国美术史上第一所真正意义上的美术学校,并且开启了他作为中国现代美术公共领域开拓者的不凡之路。

第三节

逃婚办学

　　刘海粟一生当中经历了四段婚姻,在他人生不同阶段的一些公开场合,外界都能看到后面三位伴侣相继陪伴在他的身边,而唯有第一段婚姻中的妻子却几乎不为人所知。因为,刘海粟在新婚之夜,居然逃婚了。

　　说起来,他的第一位妻子林佳并非与他不般配。相反,在那个婚姻讲究门当户对的年代,在外界看来,出身丹阳富商家庭的林佳与青云坊钱庄老板的儿子刘海粟算得上是"天作之合"。林佳的父亲曾做过道台,后来也经营着钱庄,也算是家境殷实的书香门第之家,刘、林两家的家庭背景十分相似,实力相当。两家的结合用现代的话来说,可谓是"强强联手""好上加好"。林佳嫁到刘家时还带来了丰厚的嫁

乱针绣的创始人杨守玉

妆,婚礼当天,常州一带人都在疯传,刘家的这位新媳妇带来的嫁妆之丰厚,婚庆场面之气派,真是羡煞旁人。

但是洞房花烛夜,新郎掀开盖头看到新娘后,却失落得不肯洞房!

在1981年1月11日发表于香港《明报周刊》的《刘海粟谈他的初恋》一文中,刘海粟这样描述了他首段婚姻的新婚之夜:"洞房花烛夜,才发现新娘是一位林姓姑娘。我伤心极了。不肯睡,站在窗前,望着窗外红梅流泪,直到天边展露鱼肚白,新娘实在忍不住了,从一个绣荷包里掏出一串钥匙,放在妆台上。她以为我嫌弃她妆奁不丰富。我说,不必,这些东西是你的。说完就跑出去,冲进父亲房里,在他脚边睡下。父亲大吃一惊,问什么事,我说没有什么事。"

刘海粟在新婚之夜如此反常,是事出有因的。因为他一直以为自己娶的,是他的表妹杨守玉。杨守玉九岁丧父,后来就跟着母亲寄居在刘家,刘海粟与这位同龄的表妹从小一块读书、习字、学画,两人青梅竹马,情投意合。虽然他们年纪尚小,从未捅破那层纸,但都了解彼此的心意,刘海粟是她的"九哥",杨守玉是他的"祥妹"(杨守玉乳名祥云)。

刘海粟的姑妈刘氏,嫁给了翰林院编修杨子衡,生有一女杨守玉(原名瘦

杨守玉的乱针绣作品

刘海粟山水作品

玉)。因刘家与杨家关系甚好,两家又仅一河之隔,从杨家出来,穿过一条河,再步行约一里便到了刘家,姑姑便经常带着年幼的杨守玉穿过常州的古运河回娘家,让她和刘海粟一起在绳正书院学习、玩耍。

那时候的人表达感情的方式都十分含蓄。刘海粟记得,一次,他的姨夫不知从哪儿弄来一些玉石雕的小玩意儿,因为刘海粟属猴,就把其中一个玉石猴子送给他。刘海粟将这只猴子转赠给了表妹杨守玉,没过几天,杨守玉回赠了一个穿着红绿丝线用核桃雕琢而成的猴子。刘海粟收到这个礼物后,开心地把这只猴子挂在身上。这一切被家里的哥哥姐姐们看到了,他们就拿《红楼梦》里贾宝玉和林黛玉的"木石姻缘"来打趣他们,笑他们是"两只猴子,木石夫妻",连家中的仆人也经常打趣他们两人是"两口子"。

兄弟姐妹之间的玩笑自然传到了刘海粟父母耳中,他们两人之间的感情,父母也看在眼里。那时候刘母尚在人世,夫妻二人对这门亲上加亲的婚事倒也十分认可，不过为了保险起见，迷信的刘父还是不声不响地找了一位算命先生算了两人的八字。结果出人意料，算命先生说，刘海粟和杨守玉八字"相冲"，不宜婚配，否则会克夫。母亲洪淑宜虽然对算命先生的话不以为意，但是拗不过刘父，最后还是做了让步。

很快，家里为刘海粟相中了丹阳林姓富商的女儿林佳，据说为了给当时已经病重的洪淑宜冲喜，特意选在她生日这天给林佳下了聘礼，寄希望于这桩喜事能够缓解她的病情。然而这次联姻并没能缓解洪淑宜的病情，她很快病情加重，不久就撒手人寰。

痛失至亲的刘海粟随后离开常州去了上海。在去上海之前，他以为既然冲喜不成，与林佳的这桩婚事自然也就不了了之了，便找到姐姐，央求姐姐为其保媒娶表妹守玉，他甚至发下毒誓，如果不能娶到表妹守玉，将终身不娶。那时候刘海粟的姐姐还不知道弟弟和表妹的姻缘已被算命先生给拆散了，还拍着胸脯向他保证，一定成全他们二人的婚事。

等到新婚之夜发现"所娶非人"之后，刘海粟怒气冲冲地找姐姐兴师问罪，才知道原来算命先生的"八字相冲"这一说毁掉了自己的幸福。他不知道的是，算命先生不仅说刘海粟与杨守玉两人八字不合，甚至说杨守玉母女二人都是"克夫命"。这使得年轻守寡的姑妈连夜带着杨守玉匆匆离开了常州前往丹阳，也许是她觉得自己担不起"克夫"这样的罪责，更不能让女儿重蹈自己的覆辙，只能选择离开。

离开常州时，杨守玉甚至都被蒙在鼓里，还在憧憬着与表哥能够厮守终身，她已经偷偷地为自己将来的嫁妆做起了准备，绣了一对鸳鸯戏水的绣品。她在丹阳待了几天后便吵着要回常州表哥家，母亲知道她的心思，淡淡地告诉她，表哥已经成亲了。杨守玉听到这个消息，只能暗自垂泪。

得到表妹去了丹阳的消息后，刘海粟撇下新婚的妻子，追到了丹阳，希望能够在这座江南小城再次见到表妹。不料他连访两日，都见守玉而不得。后来

刘海粟作品《白塔》

听说杨守玉为了躲着他已经换了住所,打听到确切地址后他又赶过去,却又被告知杨守玉已经乘船去了上海。两个有情人就这么一再错过,仿佛真有一双"命运之手"在操纵着他们。

    失望之余,刘海粟不想回家继续那段婚姻,失魂落魄地去了上海。他前脚刚到上海,怒气冲冲的林佳父亲后脚也到了上海,兴师问罪来了。面对满脸怒容的岳父,刘海粟和盘托出了自己的苦衷,跟他讲了自己和青梅竹马的表妹的感情,没想到竟然打动了林父。原本是想找他理论为女儿讨个公道的林父,在听了刘海粟的解释之后,竟也被他说服了。这位知书达理、曾任道台的饱学之士,非但没有再责难刘海粟,反而给他留下一笔钱,叮嘱他不要在大上海这个花花世界里沉沦、迷失了自己,就回了丹阳。

    说服了岳父之后,刘海粟又给父亲写了一封信,他在信中言辞恳切,要求取消与林佳的婚约。父亲见事情闹得沸沸扬扬，儿子逃婚的事情在常州已是尽人皆知，无法挽回；再则儿子也下定了决心，最终只好同意取消这桩婚事。

而表妹杨守玉自此终身未嫁。她后来从常州女子师范学校毕业后，1915年受聘到丹阳正则女子中学任绘绣课老师。在这里她边教书边跟着吕凤子学画。1916年，吕凤子接任弟弟吕澂，出任上海美专教务长一职，通过吕凤子刘海粟就获得了杨守玉的消息。

吕凤子

20世纪二三十年代，杨守玉凭借着扎实的绘画功底开创了乱针绣，这种刺绣工艺因绣法自成一格，被誉为当代中国第五大名绣。杨守玉把毕生的热情和心血都倾注到乱针绣的研究和教学中，这一切，刘海粟都是知道的。他后来还专门写信向郭沫若推荐杨守玉的作品，称她的作品"奇意密思，多有创造"，夺苏绣湘绣之先声，登刺绣艺术之高峰，见者莫不誉为"神针"。

1920年，刘海粟因为裸体模特事件而受到舆论围攻乃至东渡扶桑的时候，杨守玉不仅公开声援，还大胆地创作了裸女主题的乱针绣作品《少女与鹅》《出浴》，以示对刘海粟的支持。这两幅作品在江苏省内展出后，引起轰动。

刘海粟作品《祖宗》

1952 年，刘海粟出任华东艺专校长的时候，学校开设了绘绣专业，他曾请示华东文化部部长彭柏山，彭柏山以华东文化部的名义邀请杨守玉来主持该专业的教学工作，但是被婉言拒绝了。

自年少时一别，刘海粟与杨守玉再没有见过面，但两个人都在关注着对方，并且以自己的方式来表达对对方的支持。

两人再次见面，已是七十多年后。那是 1980 年 10 月，刘海粟刚刚经历政治风波后复出，回到故乡常州参加活动时，听人说起常州的"乱针绣"，便提出见一见乱针绣的创始人，也就是他的表妹杨守玉。

在常州宾馆，刘海粟终于见到了阔别七十年的杨守玉，情窦初开的青涩少女早已变成白发苍苍的老人。七十年过去了，杨守玉依然独身一人，过着深居简出的生活，而此时陪在刘海粟身边的，是他的第四任妻子夏伊乔。

刘海粟在《老梅香馥自年年——谈我的爱情生活》这篇文章中描述了他们那次见面的情形："她满头银发，戴起秀郎架眼镜，仍然很清秀。得知她还孑然一身，我心里很不安。但是守玉却相当开朗。七十一年过去了，几经沧海桑田，哪还在乎眼前的散烟片云！她笑盈盈地握着我的手说：'表哥终于成功了！我真高兴！'她又握着伊乔的手说：'表嫂！多亏了您，表哥才能有今天，我感谢您！'"

这次见面两个月后，杨守玉就去世了。人们在她的遗物中，发现杨守玉当年为自己准备的嫁妆——一个鸳鸯绣品，让人唏嘘不已。

在刘海粟去世后，常州设立了刘海粟美术馆。杨守玉的传人在这里设了一间"乱针绣馆"，以纪念两人之间这段没有结果的感情。他们生前不能在一起，后人用这种方式来成全他们，也算是给了这段感情一个温暖的结局。

第二章

艺术叛徒

YISHU PANTU

在那个相对守旧的年代，刘海粟就是艺术界一个逆着人流前行的"艺术叛徒"。当他艰难地逆流而上、走过这条鲜少有人走的路时，身后已经为中国美术事业开辟出一个新的天地。

第一节

十七岁的美专校长

在刘海粟早期的艺术生涯中,他就像投入平静湖水中的一颗石子,不断地激起涟漪。自从十七岁创办美术学校开始,他所做的就是不断地打破和挑战权威,男女同校、户外写生、裸体模特写生、对战军阀孙传芳……这其中的任何一件事,都足以挑动人们的神经。

在那个相对守旧的年代,刘海粟就是艺术界一个逆着人流前行的"艺术叛徒"。当他艰难地逆流而上,走过这条少有人走的路时,身后已经为中国美术事业开辟出一个新的天地。

到了上海之后,刘海粟想离开这个伤心地,就萌生了东渡日本留学的念头,他想去日本学画画。自从洋务运动以后,去西方学习渐渐成为社会风气,中国有大批学生选择出国留学,经济条件好的去欧洲,家里条件差一点的就去与中国一衣带水的日本。那时候,刘海粟的大哥刘际昌正在日本读书,他想追随大哥去日本。

看到儿子年纪小小就经历了丧母和逃婚的双重打击,对这个幺儿颇为溺爱的刘家凤一方面担心儿子过于压抑,想让儿子出去闯荡散散心,另一方面又不希望儿子走得太远,所以反对他远走东洋。刘家凤了解自己的儿子,知道他热情、有抱负、豪气、大胆,是可以闯荡出一番事业来的。于是他给刘海粟留下一笔钱,交代他在上海好好做事业,便回了常州老家。

刘海粟拿到这笔钱后,与此前结识的乌始光等人一合计,决定在上海开办一所美术学校。

开办美术学校最早是在布景画传习所学习时,乌始光提出的倡议。在上海商场摸爬滚打了十余年的乌

刘海粟作品《莫干山剑池》

刘海粟作品《芭蕉丛菊》

刘海粟18岁时的留影　　　　　早期的上海美专

始光对市场和商机有一定的敏感度,当时上海兴起创办私立学校的大潮,私立学校纷纷兴起,尤其随着商业绘画的发展,学绘画的人很多,开办绘画学校还是有利可图的。

以周湘的布景画传习所为例,当时一名学生的费用大约二十四块大洋,办美术学校还是有利可图的。也正是在周湘的布景画传习所学画的时候,乌始光向刘海粟提议一起创办一所美术学校,只是那时候两人都没有办学的资金,想法也就此搁置了。

重新回到上海后,刘海粟开始认真考虑起这件事情。他找到乌始光,重提创办美术学校的事情,这回有了父亲在经济方面的支持,两个人很快付诸行动。

他们四处寻找合适的校舍,终于通过广告找到了乍浦路8号一栋普通的石库门房,把这里租下来作为校舍。1912年11月23日,刘海粟与乌始光、张聿光等人联合创办的上海图画美术院(1930年改名为上海美术专科学校,简称上海美专)在这里正式挂牌了,办学的经费主要来自于刘海粟父亲和兄长刘际昌资助的三千大洋,以及乌始光从他人那里筹到的一千大洋。

这些钱对于办学来说,还是有些捉襟见肘。因为经费紧张,学校十分简陋,

刘海粟作品《梅园雪景》

连门口的"上海图画美术院"几个大字,都是刘海粟用几支笔扎在一起写就的。因为乌始光较刘海粟年长,在上海又有一定的人脉和交际圈,出于招生的考虑,由乌始光出任校长,刘海粟担任副校长。这时的刘海粟才年仅十七岁,为了让学生信服,他特意一副西洋艺术家的打扮,西装革履,打着领结,鼻子上还架着一副金丝边眼镜,稚气中带着点威严。

当年学校成立的时候,从乍浦路8号门前经过的匆匆路人,有几个人会为它驻足停留,又有谁会想到这间简陋的学校,未来几十年里为中国画坛培育出一大批艺术大家,更是对美术教育的传播发挥了重大的作用呢?

1913年1月28日,乌始光以上海图画美术院院长的身份在《申报》刊登广告开始招生,广告称:"该校专授各种法兰西图画及西法摄影照相、铜版等美术,并附属英文课,校址在上海美租界乍浦路8号洋房,3月正式上课,分绘画正科和选科两班。"不久之后,又刊出函授部的招生广告:"本院为便利学者起见,3月上旬,上海图画美术院正式开学,设正科(即本科)与选科(即速成科)。"首批学生只有12人,这其中包括日后知名的画家王济远、朱增钧等。后来随着学生的增多,乍浦路的校舍已经容纳不下那么多人,学校几经搬迁,搬到了老西门外斜桥路的白云观,租用原务本女校旧址做教室。

当时学校条件简陋,绘画材料短缺,即使是在国际化都市的上海,也很难找到画西洋画的工具、颜料。在困难面前,刘海粟把他自己以前学习油画时琢磨出来的那一套拿过来。没有油画颜料就自己调,没有画布就自己做。

他在接受高美庆采访时这样描述当时的办学环境:"怎么做油画颜料呢?买颜色,粉的、红的、黄的,各种颜色都有。拿亚麻仁油调和,用普通油漆的方法来调和。后来就到别发洋行买颜料,英国的温莎牛顿颜料,很贵的。画布就自己做,操作步骤都是从日本的书上看来的。最先用卡其布钉在画架上,上层胶水,浆化。"

像石膏这样的艺术教具,在那个时候市面上也几乎是没有的。刘海粟跑遍

刘海粟作品《庐山牯岭小天池》

了上海大大小小的书店,翻看西洋画册,学习西洋画法,回来后现学现卖,自己设计课程、编写素描课本。

即使是在这么艰苦的条件下,刘海粟对上海美专的未来始终抱以很大的期望。他在办学之初就拟定宣言:第一,我们要发展东方固有的艺术,研究西方艺术的蕴奥;第二,我们要在极残酷无情、干燥枯寂的社会里尽宣传艺术的责任。因为我们相信艺术能救济现在中国民众的烦苦,能够惊觉一般人的睡梦;第三,我们原没有什么学问,我们却自信有这样研究和宣传的诚心。

既然定位于新型美术学校,侧重西洋美术教学,上海美专的教学必然采用西洋美术教学体系和方法;在教师阵容上,上海美专先后聘请了留学日本的关良、陈抱一、吕澂、倪贻德、陈之佛、陈盛铎,留法的傅雷、李金发、李超士、庞薰琹、张弦、潘玉良、方干民;中国画教授有黄宾虹、张大千、洪野、潘天寿、吕凤子、诸闻韵、王个簃、吴茀之、郑午昌、钱瘦铁、陈之佛、谢公展等。刘海粟还利用

刘海粟笔下的西湖之景

自己丰富的人脉关系，经常邀请社会名流和学界知名人士到学校演讲，蔡元培、陈独秀、徐志摩、康有为、梁启超等都曾是上海美专的座上客，他们给美专学生带来了新思想，开阔了学生们的眼界。

在上海美专，写生是一门重要的课程。刘海粟晚年回忆说，创办之初，他常常带着学生外出写生，在苏州河边上画一艘艘的渔船，后来慢慢地跑得更远，跑到外白渡桥那一带去写生。这种在当时十分新颖的教学方式在学生中很受欢迎，学生们学画的兴致很高——上海的黄浦江畔、市内的园林、近郊的集镇，都成为他们写生的户外课堂。

上海美专的一大创举是组织学生大规模地"旅行写生"，杭州西湖作为人文景观和自然景观集萃之地，自然成为他们旅行写生的首选地。作为校长的刘海粟经常带领着学生前往西湖写生，也正是在这个时期，他一边带队教学，一边完成了许多个人作品。写生队的学生白天带着面包等干粮外出写生，一画就是一整天，饿了就以面包充饥；晚上回去之后，聚在一起拿出各自的作品，互相观摩，在杭州一待就是一两个月。

借着带学生户外写生的机会，在西子湖畔，刘海粟留下了大量的写生作品。他几乎踏遍了西湖周边的景点，三潭印月、雷峰塔、西泠桥、苏小小墓、断桥残雪，都给了他创作的灵感。从1918年到1921年率学生赴杭旅行写生期间，他创作了油画《西湖烟霞》《北高峰》《回光》《春晓》等。

户外写生结束后，学校组织学生进行作品展览，按现在的话来说，算是一次学期总结，展示这一两个月里写生所学。通常，美专会按就近原则，在写生所在地举办展览，每次举办作品展览会的时候，前来参观的观众多达上万人。

1918年，刘海粟专门起草了《野外写生团规则》，把写生教学正式形成制度，打破了关门画画的传统教学规范，成为上海美专的一大教学特色。按照学校的安排，户外写生每个学期一次，每次一个多月，上半年在春光明媚之际，下半年在秋色烂漫之时。

那时候，浩浩荡荡二三百人的写生队伍一起出行，颇为引人注目，无形中也为上海美专做了大量免费的宣传。在1918年4至5月期间，刘海粟带领上海美专二年级的学生乘火车从上海前往杭州，他们乘坐的火车车厢专门挂出"上海美专旅行写生队"的巨大横幅，引得沪上媒体纷纷报道，留下了很多当时上海美专写生户外写生的照片。

在这些照片中，可以看到很多女学生的身影，这也是上海美专的另一大创举——男女同校。尽管五四运动以后，男女同校在中国的小学已经普及，但中学和大学还不敢越雷池一步，而上海美专在创立之初，就打出男女兼收的招牌。1913年2月11日，乌始光以图画美术院院长的名义在《申报》刊发了学校创办以来的第二份招生广告，这则广告在原来的基础上，在报名资格上增加了"男女兼收"一项。1918年10月上海图画美术学校校刊《美术》创刊号上，特别刊登了二十多位女生的照片，封底的招生广告上特别说明"不论男女，均可入学"，还有一幅用黑色线条勾勒出的女人体。

刘海粟作品《无锡梅园》

　　当时也有同事提出反对，刘海粟如此反驳道："既然马路不分男马路女马路，为何学校要分男校、女校？"同事被他反驳得哑口无言。

　　自1913年迎来了第一位女学生张庾香以来，上海美专先后招收和培养了大批女画家，其中最为知名的当属潘玉良。1919年，潘玉良以"陈秀清"的名字进入上海美专，后来她曾被卖身青楼的身世被揭开之后，美专学生一度闹翻了天，最后是刘海粟顶着压力，拍板让她继续留下。

　　作为一所私立美术学校，上海美专在它几十年的历史中，一直保持着革新精神，不断打破旧有的禁锢，通过创新，不仅为中国画坛培养了许多大师级的艺术家，也推动了中国的美术教育与世界接轨，对中国美术教育的发展功不可没。作家叶圣陶当年在参观了上海美专后由衷地赞叹道："一切考虑，一切措置，全都充满着革新精神。"

他将上海美专的成就称为一个"奇迹",而这个奇迹的背后就是刘海粟和他所坚持的"不息地流动"的办学理念。

刘海粟在《上海美专十年回顾》一文中曾经这样阐述上海美专的治学方略:"因为学校的教学本来是活的,是要依着时代的发展而改进的,决不可以依着死章程去办事,美术学校的情形,更与其他学校的情形不同。况且美专之在中国,要依什么章程也无从依起,处处要自己依着实际情形实事求是去做,因此时时发生变动来。……在这种不息的变动之中,也许能产生一种不息研究的精神,我以为在时代思想上,当然应该要刻刻追到前面去才好。"

在20世纪之初,上海美专推行的"旅行写生""男女同校",在当时的社会背景下,难免引起社会各界的非议甚至质疑,刘海粟形容办学"犹如逆水行舟",但是在他的坚持下推行了下去,并随着学校成绩斐然而被人们所接受。

比如"男女同校"推行以后,一个显著的变化如刘海粟所说:"许多男学生,因成绩不如女学生,就在羞愧的同时发奋用功;许多女学生也不愿甘居人后,因而格外奋发。"到了1920年,由于报考的女生太多,基础又各不相同,上海美专把这年入学的女学生转到林荫路神州法专旧址,另设了一所女子美术学校。消息出来后,竟引起很多人的不满。

然而,上海美专的另一项在当时看来十分"出格"的举措,把这所已经开始走上正轨的学校推进了舆论的漩涡,在这场长达十年的风波里,刘海粟也差点因此深陷牢狱之灾。

第二节

裸模风波

1916年,乌始光辞去校长一职,刘海粟出任校长,并把学校改名为"私立上海图画美术学校",并着手教学改革,停办选科,增设预科和师范学科。

根据学科规定,学校为高年级学生开设了人体模特儿实习课。因为刘海粟认为,"绘画里最要紧的就是人体"。但在那个人们思想普遍保守的年代,很多人都不知"模特儿"为何物,更不用说要在众目睽睽之下,供人临摹。而且在那个照相还不普及的年代,很多人只有在临终前,才会由画师画一张遗像供家人缅怀,因此许多人都迷信地认为,枯坐在那里供人描摹,精气神会被人摄去,魂会丢掉的。结果就是应者寥寥,学校只得打广告,四处高薪招聘模特儿。

当时在神州女校读书的女学生张韵士看到上海美专的招聘启事后,很好奇什么是"模特儿",这位十七岁的宁波女孩便跑到上海美专想看个究竟,不料与刘海粟不期而遇,两人迅速堕入爱河,张韵士也顺理成章地成为刘海粟的第二任妻子。

刘海粟与张韵士

后来,几经周折,上海美专找来一个年仅十五岁的男童做人体模特儿。这个绰号叫"和尚"的男童就成了上海美专的首个模特儿。

学生对着"和尚"画了一段时间后,对这个没有发育成熟的身体就开始厌倦了。学校只得花重金四处招聘,好不容易又请到一位成年男性。这名模特也是羞羞答答,每次作画前都磨磨蹭蹭,好多次想临阵逃脱,被刘海粟好说歹说劝住了,才坚持下来。

半年之后,学校向他提出做全裸模特的请求,这彻底把他激怒了,认为这是对他人格的极大侮辱,遂拂袖而去。这下好了,唯一的模特儿被气跑了,学校不得不又刊登广告招模特儿。前来应聘的人倒是一波接一波,但是一听说要光溜溜地被人临摹,都没了下文。

据说有一个人曾经表示愿意尝试一下,甚至还立下军令状,如若临阵逃脱将要受到惩罚,罚十块大洋。但是当他在教室里站在学生面前要脱衣服的时候,还是露怯了,最后表示宁愿受罚,也不愿意当众全裸。就是在这么艰难的环境下,刘海粟还是想办法找到了一名愿意全裸的模特儿,让上海美专高年级学生的写生课得以顺利开展。

1917年，上海张园安垲府，上海美专学生作品展在这里举行，吸引了社会各界人士。前来看展的人发现展品中有几幅裸体画，大多面红耳赤，掩面而过。也有看不惯的人，则公开向刘海粟和上海美专发难，刘海粟一时之间成为艺术界和教育界的"众矢之的"，甚至有人称其为"艺术叛徒"，刘海粟听到后，不以为意，反而欣然接受"艺术叛徒"这个称呼，并以此自勉。

裸体画展出之后，社会上都知道了上海美专用全裸模特儿，社会舆论和文化艺术界对刘海粟展开了讨伐，斥之为"伤风败俗"。有人在报纸上撰文称："上海出了三大文妖，一是提倡性知识的张竞生，二是唱毛毛雨的黎锦晖，三是提倡一丝不挂的刘海粟。"

甚至还有浑水摸鱼的。当时在上海四马路一带，一些偷偷摸摸贩卖春宫图和淫秽图片的小贩，按照现在的说法就是"蹭热点"。当有人问这些图片的来源时，小贩们故意说是上海美专裸体模特儿的写生照片，将艺术等同于淫秽。不知情的人听了之后，更是对上海美专和刘海粟用裸体模特的做法深恶痛绝。这也被一些别有用心的人所利用，大做文章煽动社会舆论和艺术界攻击刘海粟与上海美专。

刘海粟自然不甘沉默。他觉得这恰好是一个开启民智的机会，便撰文反击针对他个人和学校的各种讨伐："非性格伟大，绝无伟大人物，也无伟大的艺术家。一般专门迎合社会心理，造成自己做投机偶像的人，他们自己已经丧葬于阴郁污浊之中，哪里配谈艺术，哪里配谈思想！伟大的艺人，他是不想成功的，他所必要者就是伟大。他那伟大不是俗人的虚荣，不是军阀的战胜，是一切时间上的破坏，而含有殉教的精神，奇苦异辱，不能桎梏他的生涯；贫苦寂寞，时时锻炼他的性灵。虽然在悲歌之中，也能借其勇气而自振。他实在是创造时代的英雄，绝不是传统的牺牲者，更不是社会的奴隶，供人揄扬玩赏。伟大的艺人，只有不断地奋斗，接续地创造，革传统艺术的命，实在是一个艺术上的叛徒！现在这样丑恶的社会、浊臭的时代里，就缺少了这种艺术叛徒！我盼望朋友

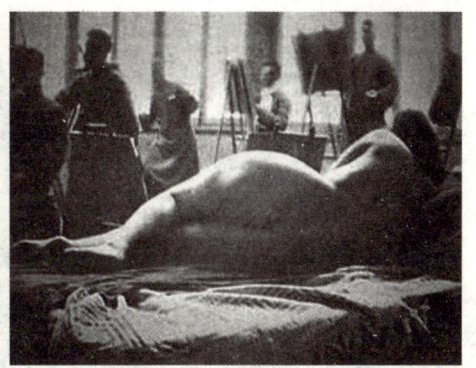

上海美专第17届西画系毕业照　　　　　人体写生课

们,别失去了勇气,大家来做一个艺术叛徒!"

在这个阶段,由裸体模特儿引发的冲突还只停留在民间文化圈层,对刘海粟发难的大多是艺术圈的同行和社会上流传的各种风言风语,尚没有官方力量的介入。所以随着时间的推移,尽管大家在报刊上唇枪舌剑、你来往我,但也没有对上海美专和刘海粟造成实质性的威胁。

刘海粟也顶着"艺术叛徒"的名号,"变本加厉"地把人体课在上海美专发扬光大。1920年,通过朋友介绍,他终于找到了一名流落在沪的俄罗斯姑娘做全裸女模特儿,据说这也是中国美术史上的第一位女性全裸模特儿。开了这个先河之后,再加上社会风气渐渐开化,后来也有了更多的女性加入到上海美专全裸模特儿中。

在留存至今的珍贵老照片——上海美专第17届西画系学生的毕业照上,照片中的美专学生大多衣着入时,神情轻松地对着镜头,照片的中间被人群簇拥着的,却是一位与周围的人格格不入的年轻女子——她全身赤裸,头扭向一边。她就是当时上海美专的裸体模特。如果仔细看的话,还会发现,照片前排中间戴着眼镜跷腿而坐的,正是当年的校长刘海粟。

那时社会上对于裸体模特的非议仍不时传到刘海粟耳中,他顶着压力和骂名也要把模特儿写生课进行下去,因为他深知,为了推动中国美术向前一大步,他不得不逆流而上,做"时代的叛徒","艺术的叛徒"。

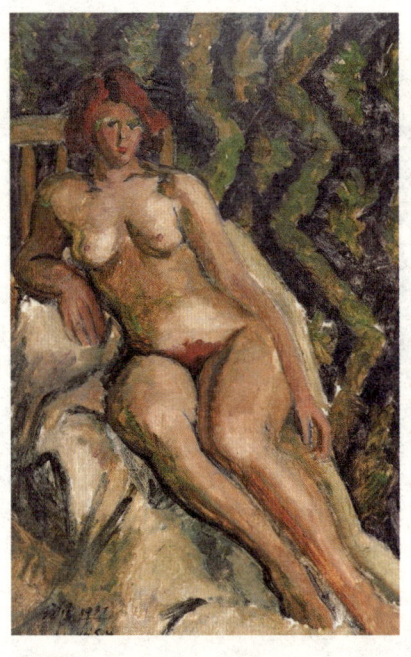

刘海粟作品

刘海粟作品《向日葵》

但他没有料到的是,数年之后,裸体模特事件会全面升级,这次他面对的不只是民间文化圈层的语言攻击,而是官府和军阀,他也因此差一点陷入牢狱之灾。

模特事件再次引起大论战,起因是上海美专的一名学生饶桂举。饶桂举是江西人,1924年底在老家江西南昌举办了一场个人画展,其中陈列了几幅女性人体写生作品,作品一经展出,就引起轰动,随即遭到江西警察厅的取缔和查封。

其时,饶桂举已经从上海美专毕业,这把火重新烧到上海美专和刘海粟,是因为饶桂举给刘海粟写了一封信,请老校长为自己主持公道。

当时刘海粟父亲病逝,他带着张韵士和儿子回常州奔丧,一回到上海就收到饶桂举的求救信。刘海粟随即致函当时的教育部部长黄郛和江西省省长蔡成勋,要求撤销禁令,恢复饶桂举的画展。

刘海粟等来的,却是社会各界的发难。首先向他开火的是上海市议员姜怀

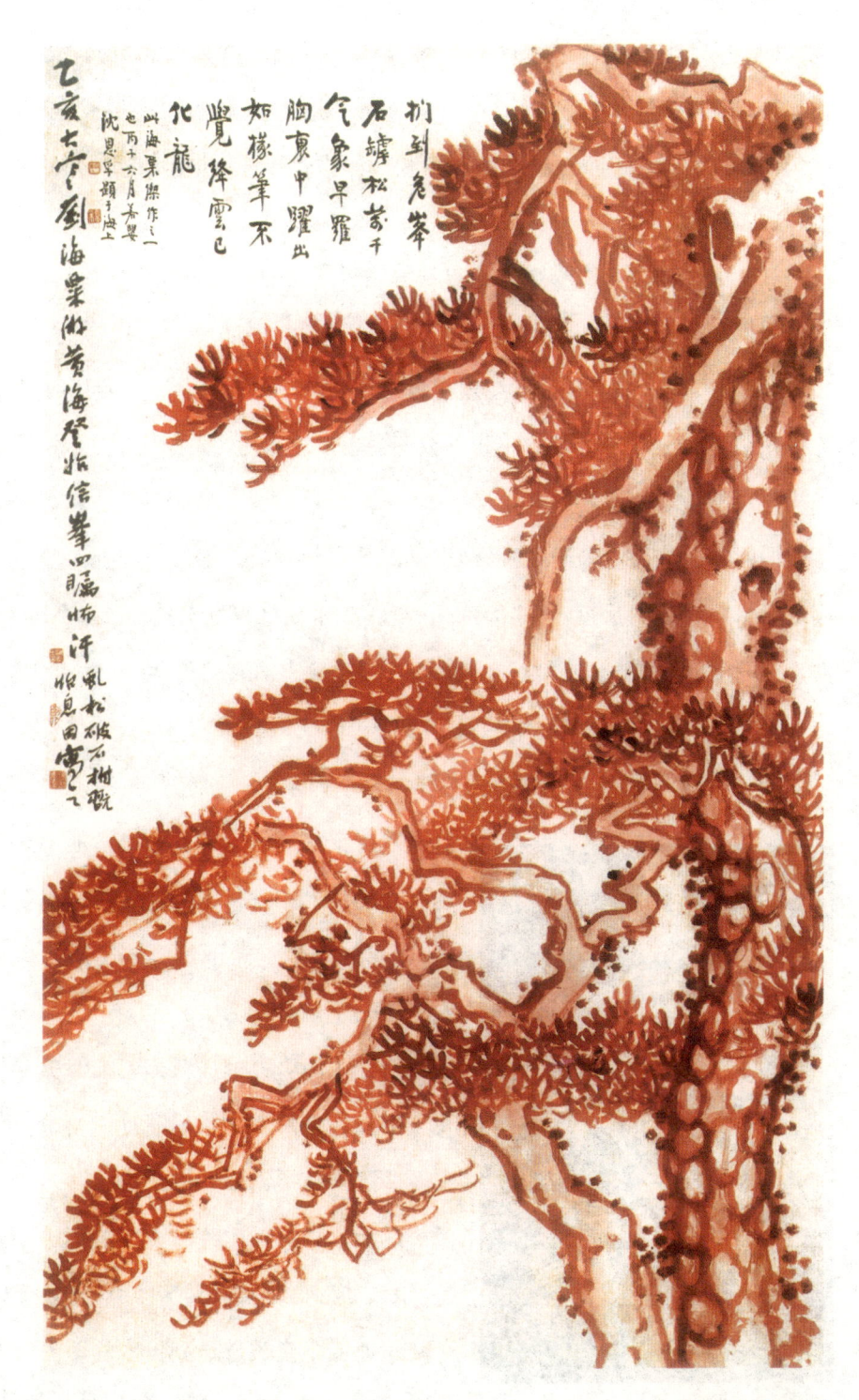

刘海粟作品《朱松》

素,他在《申报》《新闻报》先后发文,要求当局严惩刘海粟,把上海街头泛滥的淫秽图画、上海社会的淫靡之风,归咎为上海美专开设的模特写生课程,还致函当时的临时执政段祺瑞、教育部部长以及江苏省省长,要求取缔上海美专模特儿,严惩校长刘海粟。

这一波对刘海粟的攻击之强烈是他始料未及的。上海社会名流纷纷响应,公开发难。

1926年5月13日,上海县知事危道丰颁布禁令,请上海美专所处的法租界以及会审公廨从严处理。江苏省教育会也多次来函,要求上海美专撤销模特儿写生课程。

面对向他扑面而来的各种责难,刘海粟提笔迎战。那段时间上海的报刊热闹非凡,刘海粟和"反刘派"之间你来我往,口水仗打得好不热闹。那个时期,刘海粟几乎是孤军奋战,支持者寥寥,只有好友徐志摩写信给他,鼓励他"唯有斗之斥之,以警其俗而破其陋",从精神上给予他支持。

几番交锋之后,姜怀素等人败下阵来,一时陷入了沉寂。正当刘海粟以为自己取得了这场争论的胜利时,他不知道的是,一场巨大的危机正向他走来——姜怀素见刘海粟"柴米油盐不进",搬出了更厉害的人物——军阀孙传芳。1926年5月,姜怀素致信新任上海督办孙传芳,就上海美专模特儿一事痛斥刘海粟的累累罪行,要求孙传芳出面严惩刘海粟。

说起大军阀孙传芳,大家的第一印象都是"杀人如麻",其实孙传芳1904年从保定北洋陆军速成学堂被选送到日本陆军士官学校学习,四年之后毕业回国,也是喝过洋墨水,

孙传芳

刘海粟作品《溪亭闲话》

见过世面的人,按说在模特这件事上,他的态度应该比那些守旧的文人更开明。然而这次他站在了刘海粟的对立面。

原因也不难理解。辛亥革命之后,上海就处在北洋军阀的统治之下,北洋军阀本身就是封建势力的代表,需要借助孔教来维持统治。俗话说,仁者见仁智者见智,上海美专裸体模特儿这件事的争论,在刘海粟是为"艺术"而斗争,而在孙传芳以及他背后所代表的封建势力看来,这是对旧有秩序的挑战,不得不"斩草除根"。

随后,刘海粟和孙传芳又进行了几个回合的公开书信,孙传芳从"中国礼教"出发,建议刘海粟要遵循中国国情,不可"依样画葫芦",模特儿这玩意儿是属于西洋画的范畴,中国人学画画不必样样照搬西洋画法。刘海粟回复:"吾国龙门大同之间,佛像百千,善男善女低回膜拜者历千年,此袒裸之雕像,无损于

刘海粟作品《秋滩息影》

佛法,上海美专用人体模特儿,仅限于基本练习,并不将其公开,无损于礼教。"

一来一往,孙传芳见刘海粟在公开场合丝毫不给自己面子,一怒之下,发出通缉令,捉拿刘海粟。但是上海美专所处的虹口,是当时公共租界的地盘,虽为军阀,孙传芳也不敢贸然派兵闯到公共租界去捉拿刘海粟,只好几度给公共租界的人施压,要求刘海粟撤销模特课程。公共租界公董局顶不住孙传芳的不断施压,只得委婉地向刘海粟传达了取缔模特儿写生的要求。见公共租界也向军阀屈服,刘海粟只有做出妥协,便宣布:"于6月30日起暂时不用人体模特儿,以与面子。"

当年7月15日,刘海粟致函孙传芳,同意取消模特儿写生课程。

自此,这场时间跨度长达十年之久的模特儿风波终于告一段落。这也是刘海粟艺术生涯中绕不过的一段经历。在中国的美术史上,模特风波无疑是中国美术往前迈进一大步的一个注脚。在这场艺术与礼教的冲突和较量中,中国民众也首次认识到了人体艺术,是中国新兴艺术的一个重要转折点。对中国后来的绘画发展、艺术教育产生了巨大的影响,也对中国旧的思想文化造成了强烈的冲击。

模特儿风波以后,一些美术院校也陆续开办了裸体模特写生课程,但均严格控制在美术界内部。

第三节

东渡日本

就在模特风波平息之后没多久，1927年，"四一二"事变发生后，蒋介石和国民党认为，凡不亲附蒋介石和国民党的人，都是不革命的反动派。刚刚结束了孙传芳的"围剿"，刘海粟又被白崇禧部下杨虎、陈群以"学阀"的名义通缉，与他一起名列通缉名单的还有章太炎、黄炎培、袁熙涛等文化界的知名人士，这些人逃的逃，躲的躲，被逼藏到地下。

刘海粟心里惦记着上海美专，担心自己一走了之，群龙无首，学校就乱了套。后来黄炎培找到他，让他赶紧离开上海避难，迫于形势，刘海粟仓皇东渡日本。

这是他第二次赴日，他第一次去日本是在1919年。1919年4月17日，日本旅欧画家石井柏亭从欧洲归国，途经上海,参观了当时的上海图画美术学校,颇为欣赏。在交流中,石井柏亭告诉刘海粟,日本将举行"帝国美术院第一次展览",极力推荐刘海粟前往日本参观。刘海粟一向对日本美术抱着敬仰之心,在受到石井柏亭的"鼓动"之后,"不觉'悠然神往'。以前所蓄的志愿,就愈不可遏制"(刘海粟《日本新美术的新印象》)。

当时日本的西洋画科可能比不上欧美国家,但是在东方则是一家独大。抱着学习的心态,刘海粟在这一年的10月13日,前往日本考察绘画及美术教育,同行的有陈国良、贺锐、汪亚尘、俞寄凡。应该说,刘海粟赴日考察对于上海美专的办学和教育理念,都有着十分深刻的影响。

刘海粟东渡日本考察,其实背后还有更深层的考量。当时在上海的艺术类院校如雨后春笋般不断涌现,既有杨百民创办的东城女校,又有周湘后来创办的中华美术专门学校,上海美专面临的竞争是很激烈的。如何在激烈的竞争中脱颖而出,找到上海美专自己的出路,是刘海粟一直在思考的问题。经过一番思索,他把目光投向了与中国一衣带水的日本。

日本明治维新后,在经济、军事、教育

黄炎培先生铜头像

刘海粟作品《戴帽女孩肖像》

百年巨匠
Century Masters

刘海粟作品

上都迅猛发展，艺术领域也日新月异，绘画风格和美术教育也学习西方模式，是最早引入西画的亚洲国家。到20世纪初期，日本美术进入黄金时期，也成为当时中国留学生出国留学的主要去向之一。

这次的日本之行虽然只有短短十几天，但给刘海粟的办学思想带来了强烈的冲击，也奠定了上海美专日后改革的基调，在上海美专的教学实践、课程设置、经营模式上，都能看到日本美术教育行业的影子。

刘海粟到日本的时候，刚好日本举办首届"帝国美术院美术展览会"。日本展览会通常带有很强烈的国家意识形态，通过艺术作品的展示，来彰显日本作为新兴现代国家特有的蒸蒸日上的面貌。刘海粟参观了这个帝国展览后，被日本艺术展现出来的国富民强的盛景所震撼了。

在《日本新美术的新印象》一书中，刘海粟这样写下他的观后感："我们看了日本帝展那种灿烂的情形，浑身的热血一阵阵涌上来，想站也站不住，坐也坐不定了；这种感动，真到了说不出的田地了。"

这种冲击是有当时的社会背景的。那个时候上海画坛商业气息浓厚，各种布景画、月份牌、广告画，为了取悦都市消费者，都是投其所好地用一些低俗肉感色相入画。这在一定程度上也反映出当时国民素质的低下。

他在《日本之帝展》一文中写道："近来上海一隅，为洋画产生最早之区，然一般研究洋画者，皆模仿成性，而失其自然之能力，苟得西洋印刷画之一纸零片，以为无上宝贵，遂改头换面，为个人极佳之材料，而久假不归，甚或以一树一石，移诸已作之画幅中，即以为难得之画题。所绘销魂的时装美女画，则取媚社会。"

美术商业化带来的结果，是艺术对消费者的迎合，这是一种互相伤害：一方面，艺术失去了创新的动力，沦为商业的工具；另一方面，艺术也失去了对国民精神滋养的能力。而刘海粟通过参观"帝展"之后看到的，是日本政府扶持下的艺术教育对日本国民精神的滋养，这也启发了他将上海美专与商业美术划清界限,向官立美术院校靠拢的办学思路。只有这样,绘画的价值才能从过去的个人"以画寄乐",转变为提升国民素质,乃至对民族的复兴起到推动作用。这次日本之行,刘海粟坚定了让上海美专远离商业化发展模式的思路。

在日本期间,刘海粟还参观了日本重要的美术教育机构,其中他考察得最为详尽的当属东京帝国美术学校,在历史沿革、设备、科目课程、教员、奖学金制度等方面,事无巨细,均做了详细的了解。

他认真走访了各个年级的课堂,并仔细观察教师的授课情况以及学生在课堂上的表现,他观察到:"所有的描法,各人不同。有的用曲线,有的用直线,由各人接触的方面发挥。教师详为指导。但并不强制学生遵守一定画法。因为习艺术必须养成自由发展的能力,万不可拿消极的方法来戕贼他的天性。"

可以说,刘海粟的这次考察基本上触及了东京帝国美术学校改革的核心内容。就在刘海粟参观考察东京帝国美术学校的两三年前,日本美术界的一些知名人士,如岩村透、石井柏亭等,均发表了对东京帝国美术学校的批判,推动了东京美术学院自由、民主化的改革,对于尊重学生个性、营造自由的学术风气起到了积极的作用。

刘海粟前往参观考察时,东京帝国美术学院的改革还处在进行当中,但他敏锐地捕捉到了改革的核心信息,这也成为上海美专后来改革的样本。

当年10月底,在结束了短短十几天的日本考察后,刘海粟满载而归。此时,对于上海美专未来的走向,他心里已经有了清晰的蓝图。在他的构想中,按照东京帝国美术学校的模式,上海美专将会发展成为一所培养真正意义上的现代艺术家的美术学校,学校的重点也不再停留于技巧的培训和学习,而是建立在现代人文和科学教育之上,通过学习大师,表现出自我的独特个性。

在这以后,上海美专的一系列改革,都遵循着他的这个理念。

1919年12月,上海美专借鉴了日本私立美术学校的经营模式,设立董事会,由蔡元培出任董事会主席,梁启超、赵鞠椒、黄炎培和沈恩孚担任校董,当时响震上海的大亨杜月笙、黄金荣,商会领袖王一亭、钱铭飞等,在蔡元培的引荐下成为董事会成员。在上海美专随后几十年的发展中,该董事会在艺术传播和社会公共关系方面扮演了"缓冲器"的作用,并且在上海美专历史发展的重大节点上,都发挥了重要作用。

在学制的拟定上,艺术教育贯彻到图画、手工以及音乐各科,从而确立了美育的地位。到20世纪30年代,上海美专已经发展成为一所接近现代大学的艺术院校,它的课程体系、校务制度以及社团、学生会等的设置都已经接近完善。

柳亚子

1927年,时隔近十年,刘海粟第二次东渡日本。尽管这次是为了躲避杨虎的通缉,仓促地出走日本,但他见到了很多日本知名的艺术家,与日本画界权威藤岛武二、满国谷四郎等交游,还和桥本关雪、南画界画家小室翠云等即席合作水墨画,泼墨山水,豪放恣肆,被称为"东方艺坛的狮子"。那时日本引进了众多西方现代主义艺术大师的作品,刘海粟观赏到梵·高、高更、马蒂斯、塞尚等艺术大师的作品,大开眼界。

与第一次不同,第二次东渡扶桑时,刘海粟在日本艺术界已有一定的知名度,被日本艺术界视为座上宾。他应邀到朝日新闻社做了《石涛与后期印象派》的学术演讲,这篇报告被翻译后刊载在小室翠云主编的《新南画》杂志上。他独到的见解引起了日本画坛的注目,他的作品《泰山飞瀑》《月落乌啼霜满林》等被天皇所收藏。

《朝日新闻》还为他举办了一场个人画展,数万名日本民众前来参观。诗人柳亚子当时正好在日本,也去画展为他捧场,发现为他画作题词的人,从蔡元培、康有为到梁启超、郭沫若……几乎囊括当时的社会名流。后来柳亚子在《刘海粟先生印象记》中说:"海粟作品的伟大,是用不着我来介绍的。他作品上面的题字,从康长素、梁任公一直到胡适之、郭沫若,差不多像翻开了中国近代的名人录一般。"由此可见刘海粟交友范围之广。

这次画展进一步扩大了刘海粟在日本艺术圈的知名度和影响力,对于他来说,真可谓是"塞翁失马,焉知非福"。

第四节

新美术布道者

在中国画坛，大师级的艺术家很多，刘海粟之所以能在画坛取得举足轻重的地位，不仅在于他所取得的艺术成就，还在于他是中国现代美术教育的拓荒者与奠基人。在20世纪20年代，他以及他的同仁们通过实践构建起了中国现代美术公共领域。他们通过对美学的传播，使艺术不再只是满足少数人的兴趣爱好，而是以"润物细无声"的方式，去塑造大众健全的人格，丰富他们的精神世界。

刘海粟的这种美育思想要追溯到他青少年时期的经历。他在青少年时期经历了近代中国两次大的政治变革——戊戌变法和辛亥革命，这两场革命虽然都以失败告终，但开启了中国各阶层向西方寻求救国真理的模式，营造了新的社会舆论风气。刘海粟的家庭成员中，以姑父屠寄为代表的维新精英人士，在他少年时代便向他宣传维新思想，很早就在他心里埋下了自由民主思想的种子，而日后交往的梁启超、康有为等人，也都对他产生了积极的影响。

美国学者张灏曾指出："从所有这些与社会、国家以及文化传统发生的关系中，可以看到维新时代产生了新的社会类型的人，这些人和旧式士大夫截然不同。他们的出现，与新颖的思想风气、新的变革的组织工具以及正在成长的社会舆论一起，构成了维新时代的主要遗产。"

从1912年创办上海美专开始，刘海粟并没有单纯地把上海美专定位于教授研习绘画这个单一目的，而是企图以美育开启民智。例如上海美专在教学中首推"户外写生"，把艺术课程设为学生必修课；引进优秀的师资，网罗当时美术界的先锋人物，例如汪亚尘、陈抱一、傅雷等。这些教师在教学中积极传播推广世界艺术潮流中的新观念，为中国培养艺术人才。

除此之外，刘海粟还通过创办《美术》杂志以及成立社团来传播美育，培育了一群新的美术受众。

1918年11月25日，上海美专学报——《美术》杂志问世，这也是我国第一本美术学术杂志，"美术"两字还是由当时的北大校长蔡元培题词的。在《美术》第一期的发刊词中，刘海粟这样阐述创办这本刊物的目的：

"所愿本杂志发刊后，四方宏博，悉本此志，抒为崇论，有以表彰图画之效用，使全国士风咸能以高尚之学术发扬国光，增进世界种种文明事业，与欧西各国竞进颉颃。俾美术前途隆隆炎炎兮，如旭日之光；蓬蓬勃勃兮，如阳春之景。"

《美术》杂志的内容以古今中外美术史、画家论、画派论、美术教学研究等为主，尤其侧重介绍西洋美术的色彩学、透视学、构图学等学科知识，也报道国内外美术界的热点事件。该杂志还从美学的角度，致力于通过提倡美术、发展美术来提高人们的道德情操。同时，作为上海美专早期的校刊，它与美专教育

黄山写生（之六）1954 年

紧密结合，翔实记载了上海美专在那个时期的教学活动和办学思想对现代美术教育的探索。

作为一本承担着美术思想传播重任的刊物，《美术》杂志在当时是艺术家美术思想的阵地，刘海粟、吕凤子、俞寄凡这些思想活跃的艺术家的积极参与，决定了杂志的深度与理论倾向。他们通过自己的价值观对当时的"新美术"进行了思考和探讨，打破那个时代"一股脑儿"地"全盘西化"，而是有针对性地选择西方在艺术上有突破精神的画家和流派，为"新美术"运动提供精神动力。

例如，当时的很多人都是通过《美术》杂志第一次听说后期印象派。1921年3月第二卷第四号《美术》杂志发了两则启事，其中一则启事这样写道："本刊第三卷第一号，预定出后期印象派专号。第二号作为现代雕塑专号。"从7月的第三卷第一期开始，《美术》杂志出版了"后期印象派专号"，以塞尚的自画像为封面，收录了《后期印象派的三先驱者》《塞尚的艺术》《后期印象派绘画和法国绘画界》《印象派绘画和后期印象派绘画的对照》等文章，第一次十分翔实地向国

鲁迅　　　　　　　　　　　上海美术学校校刊

人介绍了后期印象派的学术思想、代表人物等。

《美术》杂志还有一个《美术思潮》专栏，该专栏针对国内美术界存在的问题，提出批评，发表各种建设性的意见，以敦促社会采取措施。

在那个年代，《美术》杂志对中国的美育教育、新文化启蒙运动都做出了很大的贡献。鲁迅曾以"庚言"的笔名在《每周评论》上向读者推荐《美术》杂志，他在文中这样评价道："这么大的中国，这么多的人民，又在这个时候（新美术还很少为人们所重视），创刊《美术》杂志，确如雪中送炭。"

与此同时，刘海粟通过艺术社团的形式对现代美术教育进行普及和推广。

20世纪初的上海，美术氛围非常浓厚，形成了相当活跃的美术家群体。这些兴趣相投的画家们聚在一起，创建了许多艺术社团，探讨和宣传他们所主张的美术思想，引进在那个年代具有突破性的西方美术思想流派，他们的社团活动无形中也促进了美育在普通大众中的传播和普及。

从1915年到抗日战争爆发之前的近二十年里，刘海粟先后创办、参与了多个美术社团，比如1915年与乌始光、沈伯尘、汪亚尘、俞寄凡等人组织的"东方画会"，1919年刘海粟、江小鹣、杨清磬、丁悚、张辰伯、刘雅农等上海美专教授组织发起了"天马会"等社团，而其中又以"天马会"影响最大。刘海粟曾在《天

Liu Haisu 刘海粟

刘海粟作品《返照入江翻石壁》

马会究竟是什么》一文中说:"近年来中国美术展览之蓬勃,多起源于天马会。"

1919年9月28日,上海美专的几位西画教授聚在美专礼堂,成立了"天马会",这也是洋画运动早期最有影响力的西洋画学术团体。天马会模仿法国沙龙和日本的帝国美术展览会,创立常年展览会,每年春秋两季征集国内新的绘画,举办展览会供公众参观。

天马会成立后,1919年12月20日,在上海市老西门方斜路江苏省教育会举行第一届天马会画展,吴昌硕、李平书、王一亭、费龙丁等为中国画审查委员,刘海粟、江小鹣、丁悚为西洋画审查委员。展览一共展出两百多幅作品,分中国画、西洋画、图案画和折衷画四部。此后,天马会前后一共举办了八次展览活动,展览始终贯穿着艺术风格、流派和表现题材多样化的创新探索精神,并产生了广泛的社会影响。

《申报》《新艺术》半月刊和《时事新报》(副刊《学灯》)等报刊,都对天马会画展做了大量的报道。《申报》称这个展览为"民间艺术之精神从此发生动机,实我国美术界之光彩。"天马会通过公开的展览吸引大众的参与,让阳春白雪的艺术走进大众的生活,与他们发生直接的接触,从而陶冶大众的心灵和情操。

从这以后,天马会每年春秋之季举办一次展览会。而且在后来的展览会中,已经不拘泥于绘画作品展览,而成为一个艺术的大杂烩,会上画家、诗人、名媛闺秀、贵公子粉墨登场,上演京昆戏曲会演。当时的上海社会名流陆小曼、徐志摩、袁寒云、俞振飞、陈小蝶等,都在天马会的展览会上玩票唱过戏。天马会每一次活动都轰动上海滩,在当时成为上海文艺界一大盛事。

天马会的展览会也吸引了康有为等,可见它的影响力之大,而且展览会也促成了康有为与刘海粟之间的一段情谊。1921年7月的天马会画展,康有为慕名而来,在见到刘海粟之前,他对刘海粟及上海美专的事迹已早有耳闻,一直以为这个一手创办了上海美专,作品又透出老练的刘海粟是个耄耋老者,没想到在画展上看到的是一个风华正茂的年轻人，一问才知道他只有二十六岁。

刘海粟在《为什么要开美术展览会》中开宗明义地提出美育教育对民众素质的提升作用："为什么要举行美术展览会？现在的社会可说浑浊极了！黑暗极了！一般人们的思想、趣味，也觉得很卑下。金钱的压迫，权势的压制，是人们的悲哀！虚荣的引诱，物质的役使，尤其使青年们堕落！美术可以安慰人们的绝望和悲哀，可以挽救人们的堕落。要使群众享受美术，只有到处去举行美术展览会。我们说，坚执着说：美术表现人生，也是为人生而表现。我们表现的目的，并不是供少数人的叹赏为满足，我们希望这浑浊而黑暗的社会，因着美术的发达而清澄，而同化于光明之中。"

从上海美专到《美术》杂志，再到艺术社团，刘海粟作为学校、社团、杂志的主要负责人，搭建起了一套完善的美育教育体系，在培育美术人才的同时，通过美术展览会把美育理念普及到普罗大众之中，借此传播新文化新艺术思想，推动中国新美术的发展。

第五节

艺术知音蔡元培

上海美专四十多年的历史，正值社会动荡期，从创立之初，就面临着一系列的问题，办学经费、模特儿风波、学校的发展方向……各种问题接踵而至，考验着刘海粟和上海美专的教师们。一路走下来，上海美专每次都能够化解各种危机，最终成为近现代第一所新兴美术学校，这背后要得益于刘海粟与社会名流圈的密切关系和广泛的人脉。

在他一生中，与蔡元培、康有为、梁启超、陈独秀、徐志摩、钱永铭等都有着十分密切的交往，这些人脉深刻地影响了上海美专的命运。尤其是与蔡元培之间的忘年交，更在上海美专和刘海粟人生的很多关键节点上，直接或者间接地帮助上海美专化解了危机。

蔡元培年长刘海粟二十八岁,在刘海粟年幼的时候,蔡元培是姑父屠寄口中赞不绝口的革新人物,那时年纪尚小的刘海粟怎么也不会想到,多年后,他会与姑父口中这位了不起的人物成为忘年交。

1912年,十七岁的刘海粟和朋友乌始光等人在上海创立上海图画专修学校的时候,蔡元培已经担任"中华民国"首任教育总长,1916年又担任北京大学校长,在当时的文化界有很高的声望。作为革命家、教育家,蔡元培一直主张包容、自由、兼容并包的学术思想,这也可以得到解释,为什么当时被艺术圈斥为"艺术叛徒"的刘海粟可以得到他的器重,也许正是刘海粟作为艺术家和教育家身上所具备的那种敢冒天下之大不韪的开拓精神和执意革新的艺术思想的决心,让蔡元培找到了艺术知音,看到了中国美育的希望。

刘海粟与蔡元培的交往始于1918年。这一年,刘海粟正好经历了模特儿风波,引来道学者的一片骂声,恰好这时他读了蔡元培在《新青年》上发表的《以美育代宗教说》一文。艺术思想不被人理解的刘海粟读到此文,顿时产生了遇到知音的惊喜,立即写信给蔡元培,向他表达了自己的钦慕之情,也向他诉说了在办学过程中的各种遭遇。

没想到,蔡元培很快复信,赞扬他在艺术教育中的大胆革新锐意进取。一位极力倡导美育的教育家,一位开现代美术教育先河的艺术家,由此开始了一段长达几十年的友谊。

南京艺术学院艺术研究所博士李安源是一位蔡元培与刘海粟研究专家,他认为促成两人交往的,还有两个十分关键的人物——一个是刘海粟的姑父屠寄,估计他不仅是最早向刘海粟介绍蔡元培的人,同时也与蔡元培关系较好,蔡元培任北大校长时,曾聘请屠寄为国史馆总纂;而另一位则是刘海粟的

美深约闳 蔡元培题

蔡元培为上海美专所题学训

好友何海樵,他是蔡元培在辛亥革命时的战友。

为了表达对刘海粟的支持,蔡元培不仅给当时的江苏省教育会负责人沈恩孚写信,请他对刘海粟和上海美专给予理解和支持,并于1918年4月,亲笔写下"闳约深美"的条幅,托人专程送到上海美专。"闳约深美"原作"深美闳约",出自清代张惠言的《词选序》:"唐之词人,温庭筠最高,其言深美闳约",提倡词要写得"深美闳约"。蔡元培把这四个字赠予上海美专,也正是表达了他对上海美专的期望。刘海粟收到条幅后,命人将其镌刻成楠木匾额,挂在上海美专的礼堂里,以此自勉。

随着两人交往的深入,蔡元培也越来越多地参与到上海美专的发展中,并利用自己的社会影响力,邀请社会各界名流一起加入到上海美专的管理中,这些人在很多方面对上海美专和刘海粟的个人艺术创作给予了很大的帮助。

1919年12月,刘海粟从日本回来之后,学习日本私立学校的经营模式,筹备设立董事会。蔡元培受邀参与了董事会的筹备工作,并欣然接受董事会主席一职。他还出面邀请了社会各界名流担任校董,梁启超、黄炎培、王震、叶恭绰、陈树人、胡适等文化名人,上海巨商王一亭,国民政府财政部长、中央银行总裁和中国银行总裁孔祥熙,交通银行和金城银行董事长钱永铭等经济界翻云覆雨的人物,以及陈公博、黄金荣、杜月笙等上海滩名声赫赫的"大亨",都出现在上海美专校董事会的名单上。

刘海粟女儿刘蟾说,蔡元培对于校董人选格外慎重,每一个人选他都要反复地权衡考量,因为他不希望不合适的人选对上海美专的声誉造成不良影响。

通过蔡元培，刘海粟迅速进入了上海不同的圈层，扩大了上海美专的影响力和美誉度。1921年12月，梁启超、严修、李石曾、黄炎培和陶行知等人组织"中华教育改进社"时，作为董事的蔡元培，又介绍刘海粟、汪亚尘等入社，加强了刘海粟与社会各界的联系。

私立的上海美专，在发展过程中经费不足是始终困扰着刘海粟的问题。在创校初期，经费主要来自于刘海粟兄长的资助以及他个人卖画所得和学生的学费，但随着学校规模的不断扩张，经费不足的问题愈发严重，单纯依靠刘海粟个人的筹款能力，显得有些捉襟见肘，学校几乎难以为继，几度面临停办。再加上模特儿风波之后，坊间对于上海美专的舆论颇为负面，很多家庭都不愿把自家孩子送到这所"伤风败俗"的学校学习，也有很多学生被家里劝退。生源锐减，对上海美专来说更是雪上加霜。

这时，蔡元培"拉拢"来的校董就发挥了作用。

校董钱永铭的外甥吴汉英是上海美专最后一届学生，他听家里人提起，1920年以后，上海美专举办大的活动都会经费匮乏，最后由钱永铭出面筹集。他还记得这么一个细节："有一次，刘海粟请上海的有钱人吃饭，饭后红纸头摊开，大家签字捐款。钱永铭是美专的经济校董，负责美专经济活动，也担任国民党经济部次部长，他首先签了名，他开了头，下面的大老板碍于他的面子也跟着签名。钱就这样筹到了。"

钱永铭

2012年11月，上海美专成立一百周年之际，"不息的变动——上海美术专科学校一百周年纪念展"在上海拉开帷幕。在这次展览展出的部分上海美专档案中，校董事会的部分会议记录显示：1933年9月17日上午十时，上海美专研究所新校舍未完成以前，因债务牵制，经费应须周转之时，仍由各校董每学期

刘海粟作品《言子墓图》

1934年11月，蔡元培在上海美专新校奠基典礼上

分别调度，以下列数目为标准（钱永铭三千，袁履登、叶玉甫、杜月笙各两千，孔祥熙再定）；1933年10月24日，上海美专建筑新校舍暨美术馆委员会在香港路银行工会举行委员会暨队长会议，讨论捐款及建筑事宜，杜月笙愿为上海美专捐建一美术馆。

经济校董的倾囊相助离不开蔡元培在背后的推动作用。以档案中记载的1933年上海美专筹建校舍为例，当时蔡元培因为足疾未愈不能出席校舍募捐委员会，便在《申报》刊登了一则启事，称因医生劝阻未能前行，顺便拜托各委员会成员从事征募，"到时元培必当来沪。"蔡元培都发话了，其他人自然不敢懈怠。

在蔡元培的积极斡旋和活动下，上海各界的权贵都买他的面子，纷纷解囊资助上海美专，上海美专百分之三十的经费缺口都是通过这种方式募集到的。这让上海美专得以在时局动荡的20世纪二三十年代，稳步发展成为首屈一指的艺术院校。

蔡元培不仅对上海美专倾注了一腔热情，竭尽所能地扶持它的发展，还对刘海粟作为艺术家个人的发展和他美学思想的传播倾其所能，不遗余力地帮助他。

1921年，为了让刘海粟在中国画坛占有一席之地，蔡元培建议他在北京举办一次个人画展。那个年代的媒体不像今天这么发达，在上海的绘画圈里知名度很高的刘海粟，在北方的艺术圈子里，知道他的人并不多，为了替他的画展预热，蔡元培多方为他造势。

1922年1月6日，蔡元培致函当时的教育部次长陈垣，称"上海美术专门学校刘海粟君，长于新派油画，近日来北京游历，作画多幅，不久将在高师开一作品展览会。深慕硕学，亟思请教，敬为介绍，幸赐接见。"蔡元培之所以要向陈垣介绍刘海粟，是担心刘海粟的"新派油画"不被主流文化界所接纳，避免招致不必要的麻烦。

随后又于1月14日在《京报》刊发《介绍画家刘海粟》一文，隆重向北方文化圈介绍刘海粟，称他是一位有毅力的艺术家，"在中国艺术界里创造了一个新方向"，指出刘海粟的绘画倾向于后期印象主义，色彩和线条都有强烈的表现，"处处可以看出他终是走自己要走的路"，"为他举行个人展览会，写这篇文（章），不独是介绍刘君，并希望我国艺术界里多产几个像他那样有毅力的作者"。

次日，《新社会报》和《北京大学月刊》转发了这篇文章，京城名流李建勋、袁希涛、经亨颐、张耀翔、汪懋祖、王文培等相继署名于蔡元培之后，在蔡元培的"加持"之下，刘海粟的画展获得空前的影响力，参观者络绎不绝，刘海粟的名字几乎一夜之间开始在北方的文化圈里传开了。

1927年8月的一天，刘海粟和几个文艺界的朋友到蔡元培家做客。席间大家谈到上海美专的发展前景时，刘海粟袒露了想去欧洲学习、将文艺复兴以来的欧洲艺术为我所用的心声，被一位朋友泼了一盆冷水："你的想法很好啊，但是你没有财产,出国的费用从何而来呢?"

一直以来,上海美专并不以营利为目的,发展尚需经济校董的支持,学校的教职员领取的工资也仅够维持基本生活,刘海粟虽然身为校长,却并没有个人财产。当这位朋友迎面泼来一盆冷水后,他也只能默默地打消了旅欧学习的念头。

没想到,不久之后,刘海粟突然收到一份"中华民国"大学院的聘书,聘请他为特论员,每月可享受一百六十元的津贴。

这个意外之喜正是蔡元培送给他的礼物。蔡元培时任大学院院长,着手教育管理体制改革,急需招揽社会各界贤能人士。刘海粟年轻有为,又有心赴欧洲学习,蔡元培此举可谓一举两得,既为大学院招募到了人才,又解了刘海粟在欧洲学习期间的经费问题。刘海粟自然明白蔡元培的"良苦用心",他立马致信蔡元培,表达了自己的感激之情,"非区区楮墨所可表于万一。"

自从1918年相识以来,蔡元培

刘海粟作品《最爱无花不是红》

刘海粟作品《绣球花》

不遗余力地为刘海粟以及上海美专铺路搭桥、雪中送炭，利用个人的影响力，在很多关键时刻为刘海粟化解各种难题，这已经很难用私人情谊来解释。

蔡元培曾说："这不是为了他，也不是为了我，而是为了很需要大艺术家来振兴美育的祖国，这项使命只能托付于中年人青年人身上。为这些人挺身请命，披荆斩棘，是老年人的义务！"也许从刘海粟身上，蔡元培看到了中国美育的希望，把他未竟的事业都寄托在刘海粟身上。

直到1940年去世之前，蔡元培一直担任上海美专的校董事会主席。他在世时，参与和见证了上海美专的很多历史性时刻，到1937年，数以百计的毕业生在毕业典礼上从蔡元培手中接过毕业文凭，离开学校；1930年以后上海美专传唱的校歌，也是出自蔡元培之手；上海美专理论刊物《美术》的刊名也由他题写……

1922年，蔡元培为了帮上海美专立案，为刘海粟引荐教育次长陈垣。在他的多次努力和工作之下，上海美专终于在这年5月由教育部正式批准立案。

其实，蔡元培曾经向刘海粟提议，将上海美专由私立转为公办。他说，北京有一个国立艺专，希望江南也有一个国立艺专，而且这样也能解决学校的经费问题。

但是刘海粟这次向对自己有提携之恩的蔡元培说了"不"。上海美专是刘海粟花费了毕生心血的成果，是将来历史评判他的重要依据，他希望上海美专能够保持私立，保留刘海粟的个人印记。

第三章

旅欧，架起中西艺术桥梁

LÜOU JIAQI ZHONGXI YISHU QIAOLIANG

刘海粟的两次欧洲之行，在当时被媒体盛赞为"玄奘西归"，的确起到了中西文化交流的作用，尤其是在那个年代，还具有更深层次的意义——中华民族以自信的姿态走向世界。

百年巨匠

第一节

初到欧洲

1929年到1935年期间,刘海粟两次赴欧洲。第一次旅欧期间,他以学习的心态,如饥似渴地临摹、学习欧洲艺术大师的作品和绘画技巧,吸收其精髓,与中国绘画技巧融合,形成了自己独特的艺术风格。也正是在这个过程中,刘海粟在吸收了西方绘画技巧的同时,融入了中国的文化,并找到了中西文化内在相通之处。

也正是在第一次欧洲游学的过程中,他萌生了在欧洲举办中国美术展览会,把中国近现代在艺术上获得的成就展示给西方世界的想法,最终通过他的多方斡旋,促成了第二次赴欧举办中国美术展览会。

刘海粟的两次欧洲之行,在当时被媒体盛赞为"玄奘西归"，的确起到了中西文化交流的作用，尤其是在那个年代，还具有更深层次的意义——中华民族以自信的姿态走向世界。

欧洲之旅是刘海粟艺术生涯中非常重要的一段经历。促成他这次欧洲之旅的，除了他对于西方艺术的向往，还有一些不能忽略的现实因素。

在赴欧洲之前，刘海粟刚刚经历了闹得沸沸扬扬的模特风波，这让他在上海艺术社交圈里成为一个异类；另一个因素则是在他赴欧之前，上海美专内部曾经发生过一次规模不小的"暴动"。据上海档案馆保存的资料记录，1926年11月26日，上海美专一名教员与学生发生冲突，进而演变成学生停课，武装占领校园的暴力冲突，还招来法国警察前来平息事端。这件事情直接导致了上海美专在1927年1月20日被勒令关闭。这也从侧面反映出，上海美专当时所处的城市氛围有一种枭雄当道的乱世之感，并不是宁静的象牙塔。对于刘海粟来说，他需要离开上海这个环境，为自己镀金，"重新洗牌"。

刘海粟在欧洲游学

1929年2月，在蔡元培的帮助下，刘海粟以教育部"特派驻欧洲研究员"的身份，携妻子张韵士及儿子刘虎登上法国商船"斯芬克斯号"，开启了第一次欧洲之旅。他此行的目的，一方面作为政府的"特派员"扮演着与政府官员类似的"中国现代艺术交流使节"的角色；另一方面，作为一所美术学校的掌门人，他将与欧洲的同仁们交流学习，获取一种"西方式的经验"。

当年3月15日，轮船到达法国第一大港马赛港后，刘海粟一行当晚便转火车抵达巴黎。第二天一大早，他们就已经漫步在巴黎的博物馆了。

莫奈油画作品《海滩》　　　　　　　　　　德拉克洛瓦的《但丁的小舟》

说到刘海粟在欧洲的学习生活,不得不提到一个人,那就是傅雷。傅雷和刘海粟同为江苏人,1929年刘海粟一家到达法国巴黎的时候,傅雷正于法国巴黎大学学习艺术理论。由于刘海粟一家语言不通,经刘海粟的学生刘抗介绍,傅雷成了刘海粟和妻子张韵士的法文老师兼翻译。

傅雷不仅精通法语,还了解欧洲文化,并对音乐、艺术、绘画均有很深厚的造诣。所以,从1929年到1931年刘海粟在欧洲的这段时间里,傅雷充当的不仅是刘海粟的语言老师和翻译,他还是刘海粟在此期间艺术成长的见证人和艺术知己,以及刘海粟艺术思想的传播者,这个时期也是两人关系的"蜜月期"。直到晚年,刘海粟在谈到在欧洲的这段经历时,必然会提傅雷,而且丝毫不吝啬对他的赞美:"这个人知识渊博极了,旁征博引,非常严谨。"

从上海到巴黎,刘海粟仿佛一脚踏进了艺术的殿堂,始终沉浸在"一种不可思议的激动中"。在巴黎,小到街边的咖啡馆、一处不起眼的房子,大到艺术博物馆,到处都能找到艺术大师的踪迹,梵·高、莫奈、高更、塞尚、雷诺阿等印象派画家曾经聚会的巴黎蒙巴拉斯的哥尔布亚咖啡馆;巴黎十六区雷努瓦尔路是巴尔扎克的故居……当刘海粟发现自己第一次距离这些艺术家如此之近时,他突然眼界大开,想要向他们学习,把他们的优秀作品介绍到国内。

刘海粟给自己制定了详细的学习计划:每天早晨六点,在家跟着傅雷学法语,结束后到罗浮宫或奥赛博物馆临摹,通过临摹经典原作,增进对西方绘画精神的理解,同时提高绘画技法;下午在格朗休米亚画院选修人体和速写课;晚间给《申报》写《欧洲随笔》。

刘海粟于1936年7月18日在《辛报》发表《关于评刘海粟画展的总答复》一文,阐述了临摹大师画作的意义:"第一,要知道创作不是凭空得来的,是临摹大家的作品受启发而来的。临画便是研究古人作品的一种手段,从临摹的中间,可以深深地体会到古大家的技法上的奥秘,作为自己创作上的酵素,所以欧洲历代大师没有一个不旁及临摹的。第二,临画是使本国人能得间接欣赏西洋名画的一种工作。"

在此期间,他先后临摹了意大利威尼斯画派提香的《基督下葬》、德拉克洛瓦的《但丁的小舟》、自然主义画家米勒的《拾穗》、伦勃朗的《裴西芭的出浴》、后印象派画家塞尚的《缢死者之屋》、柯罗的《珍珠少女》。在他的笔下,不仅原作的形象和神韵和盘托出,连画家的个性及素养,也刻画得淋漓尽致。朋友们都由衷感叹道:"这些画就是刘海粟的再创造之作,德拉克洛瓦复活了,米勒复

米勒的《拾穗》

刘海粟(右三),张韵士(右四),傅雷(右二),刘抗(右一)在欧洲

活了。"

这自然也离不开傅雷的鼎力相助。据刘海粟晚年回忆,他在临摹《但丁的小舟》时,傅雷帮他做了大量案头工作,把这幅画的创作背景调查得一清二楚,使得临摹工作顺利进行。

20世纪二三十年代,国内许多人都没有见过那些著名的欧洲名画,刘海粟的临摹作品,成为他们接触这些大师作品的一个重要载体。中央美术学院原党组书记王琦毕业于上海美专,他进上海美专的时候,在美专的美术馆看见很多刘海粟在欧洲临摹的名画,正是通过这些临摹的作品,他第一次看到了德拉克洛瓦的《但丁的小舟》、米勒的《拾穗》等作品。"所以我第一次看见欧洲的名画,就是从海老临摹的作品开始的。"

那时刘海粟的生活是很清贫的。有一次傅雷去刘海粟住的巴黎拉丁区Sorbonne街十八号Rollin旅馆找他。当时他一家三口住在旅馆四层楼上的一间小屋里,下午一两点刘海粟从罗浮宫临摹完画作回到家中,太太张韵士端出他的午饭,就是简单的两片面包、一碟咸菜和一杯水。

但是他在精神上却很快乐。在巴黎，他与傅雷、张弦、刘抗、梁宗岱等一批志同道合的朋友，徜徉在巴黎这个艺术之都，逛遍了巴黎的美术馆、画廊。凡尔赛宫、罗丹美术馆、米勒故宫、莫奈个人美术馆……都留下了刘海粟和友人的足迹。

1929年8月，在傅雷的安排下，刘海粟一家到瑞士避暑，住进了傅雷朋友白格朗的别墅里。在那一个月的假期中，他们一行人整日不是流连于阿尔卑斯山莱蒙

20世纪30年代在瑞士考察时期的刘海粟

湖畔，就是去日内瓦参观美术馆、博物馆。在《瑞士纪行》中，傅雷拍下刘海粟摘苹果的照片，笑称"这是阿尔卑斯山刘海粟偷苹果的纪念"，这群清贫的留学生，因志趣相投而聚在一起，在物质贫乏的年代，也是一种精神上的慰藉。

这群因艺术结缘的朋友，也常常因为艺术而争得面红耳赤，甚至闹出笑话。当时梁宗岱和朱光潜同住在巴黎近郊的玫瑰村，有一次刘海粟一行去拜访朱光潜，刘海粟以此地为背景创作了一幅油画《玫瑰村》。傅雷对这幅作品赞不绝口："在色块的处理上、构图上都接受了塞尚的影响！"一旁的梁宗岱唱起了反调："这是海粟自己的东西，和塞尚无关，你看走眼了。"两人争执不下，竟差点为此大打出手。旅店老板吓得打电话报了警，警察问明原因后哈哈大笑，两人也一笑泯恩仇。

这个时期的刘海粟沉浸在艺术的海洋中，每一天都可以通过艺术作品与大师对话，他的内心是激动的，澎湃的，艺术创作也出现了一个高峰。通过他那个时期的作品，《罗马斗兽场》的西风残照、《翡冷翠》古桥下梦幻式的波影、《威尼斯之夜》旖旎的风光，都能看到他创作时的激情。

丰沛的艺术天赋和过人的胆魄，加上朝圣者的身份与求学心态，使刘海粟

百年巨匠
Century Masters

刘海粟作品《快车》

74

变得格外虔诚和谦卑,艺术能量由此得到极大的释放。短短两年半时间里,他创作了油画四十幅,临摹西洋名作二百余幅。

刘海粟偏爱后期印象派的绘画风格,他早期的油画作品深受后期印象派的影响,笔触有力、色彩醇艳,极具表现力。在法国期间,他与毕加索、塞尚等后期印象派的代表都有过深入地交流,并先后发表《塞尚奴的艺术》《艺术叛徒》等文章,积极推动后期印象派在中国的传播。

徐志摩曾这样描述刘海粟的创作道路:"在西方,他(刘海粟)觅得了密盖朗其罗(米开朗琪罗)、罗丹、塞尚、梵·高;在东方,他倾倒八大、石涛。这不是偶然的好恶,这是个人性情自然的向往。"

在此期间,身兼公务的刘海粟还在中国驻法大使馆的支持下,在当地发起组织了"中华留法艺术协会",协会的十二名成员后来成为巴黎中国美术展览会的筹委会委员。当时的驻法大使高曙青为协会解决了场地问题,刘海粟通过这个协会,认识了很多当时留法的中国艺术家。

那个时候,刘海粟就有了在欧洲举办中国美术展览会的想法。激发他这个念头的,是此前参观的日本人举办的展览会。当时的日本靠着强大的经济实力,把展览包装得非常精致,但刘海粟看了之后,觉得内容空泛。相比之下,中国作为东方艺术的中心,如果稍加包装就足以抗衡日本声势浩大的展览。按照他当初的设想,他希望能从1929年4月10日在上海开办的"第一届全国美展"中选取一两百件作品在欧洲展出。

第二节

名震欧洲

1929年10月的一天，刘海粟突然接到一张通知书，告知他的作品《前门》入选法国秋季沙龙。这个意外之喜还要从一个月前说起。

1929年9月28日晚，刘海粟和傅雷、张弦等几个朋友聚会时，说到即将举办的法国秋季沙龙。这是法国历史悠久的大型综合型的艺术展览之一，展览于1903年在雕塑家罗丹和画家雷诺阿等人的倡议下创办，每年在巴黎著名的香榭丽舍大街举行，各种风格和流派的艺术家，包括高更、塞尚、马蒂斯、毕加索等，都在该沙龙上展出过自己的作品。很多艺术家就是在这个沙龙上一鸣惊人，因此也被业界认为是推动法国当代艺术、发现艺术人才的重要平台。

1929年,在欧洲的刘海粟与张弦(左一),傅雷(右一)　　　　　　　　　　　刘海粟作品《前门》

不过在此之前,还从来没有哪个中国艺术家的作品入选法国秋季沙龙。在与刘海粟几个月的接触之后,在21岁的傅雷心目中,刘海粟这位"艺术叛徒"是可与罗丹等艺术大师相提并论的"中国的罗丹",代表了中国艺术家的水准。于是他就怂恿刘海粟去参赛,还亲自帮他填写了法国秋季沙龙的出品志愿书。

第二天一大早下起了淅沥沥的雨,傅雷又冒雨陪刘海粟把他的那幅参赛作品《前门》送到熙熙攘攘的秋季沙龙办公室。办公室里挤满了前来报名参赛的西方艺术家,刘海粟和傅雷两张东方面孔在人群中显得格外突兀。交了参赛费后,刘海粟拿到了自己的申请者编号,一看——7611号。这么多参赛作品,他觉得能够被选中的概率很小,没想到竟意外入选了。

这幅《前门》创作于1922年刘海粟北上准备画展期间,见证了他与蔡元培之间的情谊。1921年末,刘海粟应蔡元培之邀到北京为个人画展做准备。一出前门火车站,扑面而来的是高大的箭楼,这给了从南方过来的刘海粟极其强烈的视觉冲击感。从那一刻起,他就有了用画笔表现前门的冲动。但他并没有急于下笔,那时蔡元培因病入院,刘海粟时常去医院看望他,还为蔡元培画了素描肖像,深得蔡元培的喜爱,一直挂在自己的房间里。

在北京待了四十多天后,刘海粟在即将离开北京之前,他觉得自己准备好了,便到前门支起画架。

当时正值北京初春,春寒料峭,北方的春天气候干燥,色彩明亮,这奠定了

《前门》这幅作品的色彩基调。前门之下,远处是高大的东车站,近处车水马龙,人声嘈杂。一远一近,突出了前门的庄严雄伟。

《前门》也是中国首个入选法国秋季沙龙的作品。那一年与它一起展出的,是塞尚、梵·高这些欧洲一流画家的作品。中央美术学院教授邵大箴认为,刘海粟的油画,在西方写实的、印象主义和后印象主义的油画里,加入了中国的文化、中国人的情感和中国人的思考,所以他的作品脱胎于西方油画,但又融入了民族的特色,是一种再创作,这也是这幅作品打动法国秋季沙龙评委的原因。

刘海粟的这张东方面孔在那年的秋季沙龙中显得格外引人注目,打破了西方艺术界对中国艺术的认识,重新激发了西方世界对中国艺术的兴趣。

自《前门》以后,刘海粟在欧洲艺术界就像开了挂一样,在欧洲期间的多幅作品又分别入选尼日利沙龙事务所展览会和蒂勒里沙龙,与贝纳尔、马蒂斯、玛丽斯尼、赫妮玛丹等欧洲一流画家的作品一起展出,其中《卢森堡之雪》被法国政府以五千法郎重金收藏,存于亦特巴姆美术馆;1930年,他在比利时创作的《向日葵》《休息》两幅作品再次入选秋季沙龙;1931年临回国之前,他还在巴黎克莱蒙花园举办了个人作品展览。随着这些作品的展出,他也因此在欧洲声名鹊起,得到欧洲艺术界的认可。

一直陪伴在刘海粟身边的傅雷,看到他在西方艺术圈被奉为座上宾,而在国内却担负着各种骂名,得不到艺术界的认可,很替他抱不平。傅雷在《现代中国艺术之恐慌》《刘海粟》等文章中,都表现出对比自己年长十二岁的刘海粟的崇拜和敬仰之情。

在《刘海粟》一文中,傅雷开篇引用了李尔克的话,论述了罗丹在功成名就之后的寂寞情形,因此引出刘海粟在国内被"误读",无形中把刘海粟置于"中国的罗丹"这个位置上。他在文中写道:"我们现代中国文艺复兴的大师还是西方的邻人先认识他的真价值。我们怎么对得起这位远征绝域,以艺者的匠心为

刘海粟作品《向日葵》

我们整个民族争得一线荣光的艺人？"

1931年7月，傅雷又以法文撰写《现代中国艺术之恐慌》，发表在法国美术杂志 L'Art Vivant "中国美术专号"上，介绍中国现代美术的发展状况，文中将刘海粟推为中国现代美术的开创者。正是通过傅雷，刘海粟在国内画坛确立了"大师"的地位，并且名扬国际画坛。

随着刘海粟在国际画坛逐渐被认可，他的角色也从西方艺术虔诚的学习、临摹者，转变成中国传统绘画、传统文化的传播者、布道者。在他参加的大大小小的展览会上，一有机会就向欧洲艺术界宣传中国绘画的艺术成就，他大谈"六法"论，讲中国传统文化的"气韵生动"，引起欧洲艺术界对中国绘画的关注。在欧洲艺术界的印象中，中国绘画自元明以后"一蹶不振"，"现代东方艺术唯有日本足以代表"。刘海粟的演讲改变了他们对中国绘画的认识，也唤起了西方世界的好奇心。

1931年，刘海粟受邀在德国法兰克福讲南齐谢赫的"六法"论。六法是中国绘画在魏晋南北朝时期已经成熟的一种理论概括，虽然讲的是绘画的方法，但其中包含了中国哲学和中国的艺术观。为时一个月的讲学吸引了许多对东方

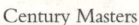

刘海粟作品《雍和宫》

艺术感兴趣的教授和学生，通过刘海粟的讲解，他们知道在西方艺术体系之外，还有一个以中国为代表的东方的绘画体系。

在法兰克福讲学结束之后不久，有人到中国驻德国大使馆打听刘海粟。来人是德国使馆的参事梁龙，原来刘海粟讲的"六法"论已经引起了普鲁士美术学院院长吕贝蒙的关注，他想邀请刘海粟在德国柏林举办一次中国画展览会。

刘海粟晚年回忆，他到柏林之后，参加了一个茶话会，在会上见到了吕贝蒙、东方艺术学会会长佐尔法、东方艺术学会副会长屈梅尔等人，这三位欧洲艺术界的大拿都到过中国，对中国艺术颇有研究。

八十三岁的吕贝蒙坐在中间向刘海粟发问："你们中国艺术好。我到过中国，云冈、龙门的雕刻很好，画家有唐代的王维、李思训，宋代的米芾、米友仁。

你们有这么好的传统艺术,为什么还要到我们这里来研究欧洲的东西?"

刘海粟回答他说:"时代不同了。……我来看西洋的东西,也研究中国的东西,接受西洋的东西来创作我们现在需要的新中国的东西。旧的基础我很重视……我要研究,但他们是属于他们那个时代的,我不能照他们一样。……我们生活在现在,我要来研究你们的东西,研究古代的东西,创作出现在我们需要的新艺术。"

吕贝蒙似乎有意要考考眼前这个年仅三十六岁的年轻人,他一连向刘海粟抛出几个问题,让他对比中西艺术的不同,还考他现场即兴作画,都被刘海粟稳稳地接住了。第二天,双方便签下了1934年在柏林开办中国现代画展览会的协议,并请刘海粟负责展览会的组织工作。

当时陪同刘海粟的中国大使馆参事谭伯羽提醒他说:"没有得到中国政府的同意,你怎么好同他们订协定?"刘海粟回复说:"一定可以。"他这么笃定,是因为在这之前,他已经托徐志摩向蔡元培转达了办中国美术展的想法。

1929年8月22日,徐志摩在给刘海粟的一封信中写道:"老蔡见过,对展览会事表示赞同,然于研究院花钱一层,则似乎为难。高署卿(鲁)究竟有信切实说过否?如要举办,最好乘明年比京百年纪念机会(指1930年中国参加比利

青年时期的刘海粟

徐志摩

时万国博览会,1930年至1931年的《生活》有相应报道),一举两便,政府花钱不成问题。"从这封信可以看出,刘海粟通过徐志摩与蔡元培商议过举办展览之事,蔡元培是支持他的提议的。但考虑到经费问题,教育部是个清水衙门,需要政府出面。

参与了这次会面的法国汉学家路易·赖鲁阿写了一篇文章《中国文艺复兴大师刘海粟》,他在文中称:"刘海粟的油画里有中国的画意,还有中国的书法、篆书在里面。他吸收了从米开朗琪罗到印象派,后印象派塞尚的东西,也有中国自己的东西。他不但是中国的文艺复兴的大师,就算是欧洲西洋大师中也位于前列。"傅雷把这篇文章翻译成中文之后,刘海粟"大师"的名号便在中国画坛传开了。

第三节

与傅雷交恶

1931年8月中旬,在教育部的催促下,刘海粟一家和傅雷等人一起登上法国"香楠沙号"邮轮回国,并于9月18日抵达上海码头。与他们一起回到中国的,还有刘海粟在欧洲期间创作的大批油画作品。就在这一天,"九一八事变"发生,中国笼罩在战争的阴影之下。

回国后,刘海粟迫不及待地想把在欧洲所学付诸实践,他写了《东归后告国人书》,向教育部汇报欧洲考察的情况,并提出建立国家博物馆、国家美术馆,改善美术学校学制,以及改善中国艺术设施的建议。遗憾的是,中华民族已经到了最危险的时刻,这一切都只得作罢。唯有筹办柏林中国美术展一事,在蔡元培、叶恭绰等人的多方奔走下,于翌年6

傅雷

月，经国民行政院决议通过，拨款四万五千元，聘请当时的教育部长朱家骅、中央研究院院长蔡元培、北平研究院院长李石曾、驻德公使刘文岛、叶恭绰、刘海粟、陈树人、高奇峰、徐悲鸿等为筹备委员，于同年8月在上海成立中国美术展览会筹备委员会，在全国范围内征集绘画作品。

与此同时，刘海粟回到上海美专复职，并邀请与他一道回国的傅雷到上海美专任教。也正是在上海美专的这段时间里，刘海粟与傅雷之间的"蜜月期"结束，原本敬仰刘海粟的傅雷态度突然来了个大转变，两人的关系也从艺术知音最终走向决裂。

1933年9月，傅雷母亲去世，他回乡料理完母亲的后事，回到上海便向美专提出辞呈。在《傅雷自述》中他给出了两个原因：一、年少不学，自认为无资格教书，母亲在日，以我在国外未得学位，再不工作，她更伤心；且彼时经济独立，母亲只月贴数十元，不能不自己谋生。二、某某某（指刘海粟）待我个人极好，但待别人刻薄，办学纯是商店作风，我非常看不惯，故母亲一死即辞职。

从傅雷《自述》中可以看到两人关系直转急下的原因——刘海粟待别人刻薄，办学"商店作风"。一直将刘海粟尊奉为艺术大师、比肩罗丹的傅雷，为何会对刘海粟做出如此截然相反的评价？这要从他们的另一位共同的朋友张弦说起。

张弦是浙江人，毕业于上海美专。20世纪20年代初期，他与林风眠、徐悲鸿等先后自费到法国留学，回国后在上海美专教西洋画。刘海粟第一次旅欧期间，张弦随同刘海粟一起到了欧洲，通过刘海粟结识了傅雷，两人成为知己。在刘海粟的《欧洲随笔》中，时常可以看到张弦的身影。1932年2月，张弦响应老校长的号召,又回上海美专出任西画科主任。

张弦为人忠厚,专心艺术,不善社交。相反,刘海粟喜欢交际,常常会利用张弦的忠厚老实。学者荣宏君曾透露过一个细节,有一次刘海粟邀请张弦周日到家里吃饭,却安排他临摹一幅画,自己跑出去打麻将。回来之后,直接在张弦临摹的作品上署上自己的大名。找张弦代笔,刘海粟却不肯给他涨工资,这让性格耿直的傅雷看不惯,常替张弦打抱不平。

傅雷二十一岁认识刘海粟,彼时刘海粟已经因为"艺术叛徒"、裸体风波等事件成为艺术圈的知名人物,再加上他人情练达,在傅雷心目中,刘海粟既是师长也是兄长,是他崇拜的偶像。在法国期间,还曾发生过一个小插曲,让傅雷对刘海粟有一种父兄之爱。傅雷当时爱上了一名法国女子玛德琳,但他在赴法之前在母亲的要求下,与十四岁的表妹朱福梅订下婚约。为了与玛德琳厮守终身,傅雷写信给母亲要求退婚,并委托刘海粟将信寄给母亲。人生阅历丰富的刘海粟并不看好这段感情,就悄悄地把信压了下来。不久之后,傅雷发现玛德琳同时与多人交往,伤心欲绝,再想到之前给母亲写的那封退婚信言辞激烈,懊恼不已,差点一死了之。幸亏刘海粟早有预见,帮傅雷度过了这场人生危机。

在欧洲的经历,让刘海粟在傅雷心目中成为一个接近于完美的存在,才会激发傅雷的敬仰和恣意的赞美,写下那些大力推崇刘海粟的文章。当傅雷看到刘海粟的"刻薄""商店作风"的另一面后,这种落差之大,让傅雷失望至极,遂与他断绝往来。

刘海粟对此有自己的辩解:"从办这个学校的头一天起,经费问题就一直逼迫着我,你没有办法不精打细算。我跟他们每一个老师也都是说明白的,这里只能解决基本的生活,要赚更多的钱,你们要另外去想办法。我从来不骗他们的,都是同他们说明白的。但是有一点也要实事求是讲,他们出去兼职,现在叫第二职业第三职业,我从来不反对,能给的方便我尽量给。像温肇桐,他本来不过是农村的小学图画老师,我把他请到美专来,聘他做教授,有了这个头衔,

刘海粟作品《花》

他再出去找兼职就方便多了。"

　　这番话也并非全是刘海粟的推脱之词。上海美专自创立之日起,作为一所私立美术学校,一直饱受经费困扰,也因此才会有蔡元培奔走权贵之间为上海美专解困。刘海粟身为校长,也需仰仗蔡元培的鼎力相助,才能解决赴欧学习的经费问题。

在刘海粟的学生、新加坡画家刘抗收藏的一封刘海粟致刘抗的手札中提到:"有一层是应该切实告诉你们的,就是本学期新生十二分减少,至今日为止,考取者只三十余人,今昔相比,相去太远,而收入方面当然不敷甚巨。……紧缩第一义在减少教职员及薪金。我自身已减少五十元……薪水是不能照原议了。真抱歉,目下暂时每月各致七十番。"这封手札也印证了刘海粟所言非虚。

但是,傅雷看不惯一个精打细算的刘海粟。在欧洲傅雷与刘海粟相识时,刘海粟放下了他私立美术学校校长、老板等社会身份,只是一名虔诚的艺术信徒,醉心艺术,两片面包、一杯开水充饥,也怡然自得,这与同为艺术家、独立知识分子的傅雷在精神上是共鸣的。当他们一起回到上海时,也就注定了他们之间的关系会走向决裂。在上海,刘海粟不仅是艺术家,他还是社会活动家、校长、老板、文化名流,集多重身份于一身,正是这种庞杂的身份和他游刃有余游走在不同社会圈层之间的能力,才使得上海美专在没有政府背景的情况下,在竞争激烈的上海脱颖而出,成为一所在当时大名鼎鼎的美术学校。

多重身份也决定了刘海粟有自己的立场和考虑问题的角度。身为校长和老板,他需要从学校经营的角度,节约办学成本,只能支付员工维持基本生活的薪资,甚至对员工的苦难视而不见。

中央美术学院原党组书记王琦毕业于上海美专,他回忆起在美专读书时,美专学生经常因为食堂伙食不好闹事,他也是闹事者之一。有一次刘海粟找他谈话,说:"你看学校这么困难,一个私立学校,我为这个学校的经费还四处奔走,你们不好好地学习,还闹事的话,学校我都不想办了。"听了刘海粟一番话,学生也理解他的苦衷,就再也不闹事了。

后来战争阴云密布,中华民族已经到了生死存亡之秋,上海美专已经很难从政府和私人那里获得经费支持,靠的是刘海粟卖画的钱才维持下来。

傅雷与画家刘抗

刘海粟作品《红梅图》

1936年夏,张弦回乡探亲时,因肠炎脱水去世,傅雷把他的死归咎于刘海粟,认为张弦是被刘海粟剥削而死。傅雷与张弦之间感情深厚,这从傅雷悼念张弦的文章中可以看出:"他的生活与常人并没有分别,不过比常人更纯朴而淡泊,那是拥有孤洁不移的道德力与坚而不骄的自信力的人。光明奋勉的私生活,对于艺术忠诚不变的心志,使他充分具有一个艺人所应有的可敬的严正坦率。"

傅雷和几个朋友为其在《时事新报》上编了一个特辑,以悼念这位挚友。他还寄希望于刘海粟能念旧情,资助一点钱为张弦出一个专辑,刘海粟借故推脱,傅雷气得当下宣布,永远不再和他这种自私的人来往。虽然到了晚年,两人的关系有所缓和,但已不复欧洲时期的亲密无间。

平心而论,两人分道扬镳,是性格和价值取向发展的必然结果。傅雷自幼由寡母拉扯大,母亲性格刚烈,对傅雷要求很高,管束严格,养成了傅雷孤傲、叛逆、暴躁的性格,他个性虽疾恶如仇、耿直刚硬,但天性中又怀有一颗赤子之心,待人真诚,不弄虚作假。

对傅雷,即使是在人情世故方面颇为圆滑的刘海粟,还是十分欣赏的。刘海粟晚年为安徽文艺出版社1990年出版的《傅雷译文集》第十三卷中收集的《罗丹艺术论》作序时说:"想到漫长而又短促的一生中,有这样一位好兄弟相濡以沫,实在幸运。"相信这是刘海粟的肺腑之言。

两人直到1949年后,才慢慢恢复了友情。1957年,刘海粟反对把华东艺专迁往西安时,傅雷还因为支持刘海粟而遭到报复。1976年冬天,刘海粟的一个学生从旧货市场淘到一幅刘海粟的画作《长城八达岭》,把它送给刘海粟。刘海粟一看这幅画,顿时老泪纵横,这幅画是两人关系恢复后,刘海粟送给傅雷的。"文革"期间,性格耿直的傅雷也未能幸免于难,遭到迫害,连家门都被封了。一个小偷从屋顶爬进去,偷走了这幅画。

没想到,这幅画几经辗转,又回到了刘海粟手中,可是此时傅雷已经不在人世了!

第四节

欧洲巡展

在经历了前后将近两年的筹备之后，中国现代画展于1933年11月7日在上海福开森路"世界社"举办预展。1933年11月14日，刘海粟携着征集来的三十多箱共三百五十幅作品，乘坐意大利邮轮"康丁凡特号"离开上海前往德国柏林，向西方世界展示中国的艺术精粹。不过，这次与他同行的不是张韵士，而是他的新婚妻子成家和。

刘海粟和成家和相识于上海美专。成家和是1929年刘海粟赴欧之后考入上海美专的，刘海粟结束欧洲之旅回到上海美专的时候，成家和还是这里的学生。这位南京姑娘长相出众，性格活泼，是众人眼中的"校花"，她颇有艺术天分，成绩优异，被推举为学生会主席。

成家和与同学　　　　　　　　　　　　刘海粟与成家和

刘海粟回到上海美专课堂给学生上课时，在社团活动中十分活跃的成家和自然引起了刘海粟的关注，他曾经由衷地赞叹成家和："较之一般的女孩子，她是很美的，不仅她的容颜和体型，风度、神韵皆美。"而刚刚从欧洲游学回来，见多识广博才多学又年轻有为的校长，也让这个年轻的女孩一见倾心。一来二去，两个年龄相差十七岁的人就擦出了爱情的火花。

然而，这个时候，刘海粟身边还有一个张韵士。但成家和外表温柔，内心却很刚强、有主见，她并不介意刘海粟已婚的身份，主动向他发起了追求，创造与他独处的机会，丝毫不顾及周围人的眼光。

在1933年元月，上海美专二十一周年校庆师生联谊舞会上，成家和当着张韵士和全校师生的面，邀请刘海粟与她共舞，刘海粟犹豫片刻便接受了成家和的邀请。那天晚上，他们成了整个舞池的焦点，跳了一曲又一曲。刘海粟在成家和的带动下，似乎又回到了十几二十几岁的年纪，青春勃发，不知疲倦。到最后，所有人都停下来，看着他们在舞池中央跳了一圈又一圈。

这一切，张韵士都看在眼里，但她什么也没有说，自己一个人默默地回家了。

所以，不久之后，当刘海粟抵挡不住年轻又热情的成家和的攻势，向张韵士摊牌的时候，善解人意的张韵士并没有与他争吵，而是心平气和地选择了成全他们。很快，刘海粟搬出了位于今天上海复兴中路512号的家，住到学校里，与张韵士正式分居。

刘海粟与张韵士的二儿子刘豹回忆说,"父母从欧洲回来之后,成家和参加进来了,但是对我很好,我是小孩当然不知道……到后来他们结婚了,我母亲就退出来了。这我觉得很不理解了,但是没有发言权,那时是孩子。"

1933年10月28日,刘海粟与成家和回到南京老家,在拜访了成家和的父母之后,第二天两人便在南京悄悄地结婚了。随后,这对新人登上了前往德国柏林的邮轮,并于1933年1月8日抵达柏林,寇美尔、孔威廉等前去迎接。

在接下来的日子里,刘海粟与德国方面多次会谈,讨论展览会的诸多细节,最终商定于1934年1月20日在普鲁士美术学院开幕,3月4日闭幕。

1934年1月20日,刘海粟携妻子成家和出席了德国柏林的中国美术展览会开幕式,宣告中国现代美术展览会正式开幕。刘海粟还在普鲁士美术学院做《中国画之变迁》的演讲,介绍了中国绘画艺术在近代的发展。

当时入选的有谢玉岑、陈树人、郑午昌、齐白石等画家的作品,为期四十五天的柏林展览会,盛况空前。德国教育部长、外交部长、各国驻德国使节以及各界人士约三千人出席了展览会。展览期间,每天前来参观的观众达到四五千人,德国的媒体更是盛赞"中国现代画神韵生动,为超绝的理想世界,为万国画所不及"。

柏林中国美术展览会引发的轰动很快在欧洲产生涟漪效应,引起了欧洲其他各国的关注。按照原计划,这次展览只在德国柏林展出,但刘海粟收到了来自英国政府的邀请,请他在英国举办展览会。

1935年2月,中国美术展览在伦敦新伯灵顿画院举行,再次引起轰动,英国各界均给予了高度评价。英国《泰晤士报》感叹道:"中国有如此文化,吾人尚图侵略,实乖理性也。"(1936年7月2日《申报》刊发蔡元培在"刘海粟二度欧游作品展览会"致开幕词。)

英国社会各界对展览的积极反馈,让组织和促成中国美术展的刘海粟备感欣慰。而就在伦敦巡展期间,成家和在他四十岁生日这天为他生下了他们的第一个女儿,这对刘海粟来说,可谓"双喜临门"。为了纪念这次英伦之行画展成功,刘海粟还特意为女儿取名"英伦"。

随着展览的影响力在欧洲继续发酵,连捷克、荷兰和瑞士等国都纷纷向刘海粟发出邀请,请他前往举办画展。刘海粟没有料到国外对中国艺术的兴趣如此之大,他欣喜地携中国现代绘画作品到荷兰阿姆斯特丹美术馆、瑞士日内瓦历史美术馆等地举办展览。那一年里,他携家带口一路奔波,走了六个国家,先后在十个城市巡回展出。

到这个时候,原先政府划拨的四万五千元的经费早已花光,蔡元培与叶恭绰二人连连给刘海粟发电报催他回国。但是刘海粟看到展览在欧洲的反响很好,认为这是中国艺术输出的一个绝好机会。为了让活动继续下去,刘海粟一方面与欧洲各国政府协商,分担巡展的费用;另一方面,他也通过卖画来解决资金问题,从而让巡展得以继续下去。

1935年6月,刘海粟接到上海美专电报,称上海美专已经山穷水尽难以为

刘海粟作品《散花坞》

继了。迫于形势,当画展辗转到捷克首都布拉格后,他不得不宣布结束。6月27日,刘海粟夫妇带着他们还在襁褓中的女儿英伦,登上德国"霍斯脱号"海轮,踏上了返回祖国之路。这年7月,刘海粟似文化西征凯旋的英雄,在抵达上海后,得到了艺术界的大力追捧。上海媒体称之为"近代一人""玄奘西归"。

7月21日,上海华安大厦内,灯影摇红,觥筹交错。刘海粟洗尘接风宴在这里举行,蔡元培、叶恭绰、李石曾、吴铁城等人均出席了接风宴,风尘仆仆的刘海粟成为宴会的焦点。

对促成刘海粟两次欧洲之行功不可没的蔡元培,席间对画展的成功和刘海粟的功劳大加赞赏:"刘海粟先生此次代表吾国赴德举办中国现代画展,获得无上光荣与极大成功。在柏林展览后,引起各国之注意,二年间在欧巡回展览十余处,震动全欧,使欧人明了吾国艺术尚在不断地前进,一变欧人以前之误会:因其他方面,对各国宣扬艺术,以东方艺术代表自居;吾国以前则未及注意。此次画展之后,移集欧人视线,此固吾全国艺术家之力量所博得之荣誉,而由于海粟先生之努力奋斗、不避艰辛,始有此结果。此等劳绩与伟大精神,实使吾人钦佩与感谢。"

这次欧洲巡展,是中国传统绘画在国际舞台的一次亮相,其规格之高、影响之大,在那个年代都是空前的。更重要的是,它在当时的意义已经超出了中西之间的艺术交流,而上升为中华民族向欧洲世界的一次自我展示,是一次国家实力与形象的展示,通过这次巡展刷新了西方国家对中华民族传统文化的认知和印象。从这个角度来说,蔡元培对刘海粟的盛赞并不为过。

对于柏林中国美术展的体会,刘海粟在日记中写道:"此次柏林中国美展之创办,余始终本'知其不可为而为之'的精神去做。当时余在柏林,赤手空拳,没有一点凭借,要向德方要求同意,这是靠点什么呢?我只是靠我'人格的力'及几笔墨水。我所认识的,只是要求在全文化中,多少应尽一分力量,影响及于全人类、全种族。"

第四章 南洋义赈

NANYANG YIZHEN

他在南洋以艺术为枪，用他的画作为在前线浴血奋战的战士募捐，用慷慨激昂的演讲，鼓励和激发民众的抗日热情。

他经历九死一生，为他跌宕起伏的人生增加了浓墨重彩的一笔。

第一节

《四行仓库》

1937年抗日战争打响后,中华民族到了生死存亡的危急关头,全国人民抗日情绪高涨。刘海粟在上海沦陷后,应印尼侨领之邀,赴南洋筹赈画展,为抗日筹款。

他在南洋以艺术为枪,用他的画作为在前线浴血奋战的战士募捐,用慷慨激昂的演讲,鼓励和激发起民众的抗日热情。

在此期间,战争局势迫使他辗转于印尼爪哇、新加坡等地,在日军不断发动侵略的背景下,他经历九死一生,为他跌宕起伏的人生增加了浓墨重彩的一笔。

在刘海粟早期的油画作品中,有一幅《四行仓库》。画面

刘海粟油画作品《四行仓库》

上,火山岩浆般的烈焰熊熊燃烧,一排排红色的屋顶上,一面军旗迎风飘扬。这幅画的创作背景是1937年淞沪战役打响后在上海发生的"四行仓库保卫战",它也牵出了一段抗日战争打响后,包括刘海粟在内的艺术家们"以艺术为枪"反抗日本侵略的历史。

1937年,"八一三"淞沪战役失败后,原先从全国各地集结起来的各路军队开始转移,上海的四行仓库就成为大部队撤退的最后屏障。为了掩护大部队撤退,1937年10月下旬,国民革命军88师524团副团长谢晋元奉命率该团一营为基干,组成一支四百余人的加强营驻守在四行仓库,以阻击日军的西进追击。

四行仓库是上海闸北苏州河西岸老闸桥北端的一座混凝土仓库建筑,由四家银行共同出资建成,故称为"四行仓库"。日军抵达苏州河包围了四行仓库后,因为四行仓库就在苏州河边,南面和东面毗邻当时的公共租界。日军怕炮弹轰炸殃及租界,引起国际纠纷,不敢使用重炮和飞机对四行仓库进行轰炸,与谢晋元的部队进行了四天四夜的近距离对抗。谢晋元部队以数百人抵抗数万日军,其壮烈、英勇的事迹感动了上海民众。

当时,成千上万的上海人都目睹了四行仓库保卫战。在苏州河北岸,每天都聚集着上万人为国军呐喊助威,最多的时候超过了十万人,河对岸的市民用大字报和黑板通知守军日军的动向。

10月28日晚间,年仅十八岁的上海万国商汇童军团女童军杨惠敏据说只身泅水,冒着枪林弹雨将一面青天白日旗送到了守军手中,极大地鼓舞了士气。第二天,四行仓库顶上升起了一面中国国旗,在一片日本的太阳旗中显得格外引人注目,引得观战的人们纷纷脱帽、高举双手致意,高喊着"中华民族万岁!万岁!万万岁!"

刘海粟目睹了谢晋元部队的英勇抵抗,被他们英勇抗日和杨惠敏泅水送旗的事迹感动得心潮澎湃。10月29日,在双方战斗正酣的时候,刘海粟登上四行仓库对面的顶楼,撑起画架,把眼前浓烟滚滚的战斗情景用画笔描绘了下来。

这幅他即兴创作的油画《四行仓库》,赞美勇敢的抗日斗士们,在当时大大地鼓舞了军民的斗志,也表达了刘海粟的拳拳爱国之心。《申报》评论该作品"全部颜色的悲壮,手法的严肃和沉着尤非常人所能及"。

1937年11月12日,上海市市长俞鸿钧含泪宣布上海沦陷,租界成了日军包围中的"孤岛",特务、汉奸在租界活动猖獗,爱国人士不断被暗杀,租界笼罩在白色恐怖之中。

在动荡的时局中,刘海粟和上海美专的学生也不安于在象牙塔置身事外,他们展开了一系列救亡图存的公益活动。1939年1月下旬,上海美专师生在大新公司举办画展,此次画展中展出的四百幅作品全部售出,卖画所得款项全部捐给了难童教养院。刘海粟随后又参与发起募捐活动,为上海医师公会募集伤兵医药;举办中国历代书画展览会,将门票捐出去全部用于医药救护队经费。

1940年3月,在日本人扶持下的汪伪政府粉墨登场。以汪精卫为首的汪伪政府为了扩大影响力,试图笼络一些文化知识界的名流给自己撑门面。因为刘海粟在中国和日本的影响力,他便派了与刘海粟关系不错的诸民谊前去做说客,三番五次请刘海粟出来"管管教育"。

在学生简繁所著的《沧海一粟》一书中,刘海粟是这样描述的:"诸民谊也是我非常要好的朋友。当初他陪我去见汪精卫,汪精卫问我,你看我会做汉奸吗?我说你当然不会,你也是爱国的!但是如何救国,却要好好斟酌……他说中国到了这种时候,只要能够有利于国家,任何手段都不应该放弃。他说我宁做牺牲品,决意一试!这个人的演讲能力好极了,样子又长得漂亮,老实说我被他打动了,答应做一些教育方面的事情。因为不管时局怎么样发展,教育总归是最重要的。"

刘海粟口头上答应了,但并没有帮汪精卫做事。不过他在上海也待不住了。

那时候租界里替日伪政府做事的人先后被特务盯上,暗杀的消息不断传来:"中华民国"伪维新政府外交部部长陈箓大年三十被戴笠的特务冲到家里打死;伪上海市市长傅筱庵,在任期间破坏抗日,捕杀抗日军民,1940年被军统策反的仆人朱升源持刀砍死,他也是戴笠所刺杀的级别最高的汉奸之一;唐绍仪被日本人骗到上海,日本人想利用他的威望大打政治牌,结果被冒充成卖古董的抗日者闯到家里用斧头劈死……

这一系列的暗杀事件让刘海粟心惊胆跳,

刘海粟作品《三友图》

谢海燕

刘海粟在南洋

尤其是唐绍仪的死,对刘海粟的刺激很大。他知道,就算只是口头上答应了汪精卫,恐怕他也难逃特务的追杀。而另一方面,刘海粟之子刘豹后来回忆说:"他一个是不干;一个是害怕。因为你不干的话,汪精卫那时候什么手段都有。他夹在中间,做汉奸,面临着特务的暗杀;不做汉奸,汪精卫也不会让他安生。所以他那时候就想离开上海,到南洋去。"

当时上海美专的教导主任谢海燕有一位印尼华侨朋友范小石,是印尼的侨领,他曾向谢海燕透露,南洋的侨领们有意请国内有声望的艺术家到南洋举办画展支援国内抗战。得知刘海粟有意避难南洋后,谢海燕联系到这位朋友,并将他引荐给刘海粟。在刘海粟家中,范小石与刘海粟一见如故,两人商议之后很快达成筹赈画展的协议。范小石向刘海粟承诺:"我这两天就动身回去,做好了具体安排,就电告你。"

范小石走后,刘海粟便开始着手做准备工作。他把上海美专和家庭都托付给了谢海燕,由他担任代理美专校长,并照顾家中的孩子。南京艺术学院教授张嘉言是上海美专的学生,他回忆起当年刘海粟避难南洋的情形时说:"他就把这个学校,以及他自己收藏的一些珍品、艺术品,全在银行里,有两箱了,他连钥匙呀这些都交给谢老,由谢老来给他保管。他也把家庭拜托给谢老,当时谢老是住在他家里头嘛,还有两个小孩。"

Liu Haisu 刘海粟

刘海粟临石涛作品《梅花书屋》

刘海粟在南洋

刘海粟年长谢海燕十四岁,对他极为信任。几乎是把全部的身家都托付给了谢海燕,他这么信任谢海燕不是没有原因的。

两人相识源于一次很偶然的邂逅。有一年刘海粟暑假到普陀山写生,因遇到台风滞留在定海城内的普济寺下院,当时谢海燕正在与定海公立医院相邻的望海楼内疗养。一天,两个人出门散步的时候不期而遇,便攀谈起来。说起来,谢海燕还是刘海粟的忠实"粉丝",多年前他正是读了刘海粟的《画学真诠》《日本新美术的新印象》等文章而对美术产生浓厚的兴趣,从上海中华艺术大学西洋画系毕业后,他追随着刘海粟的足迹去了日本,在东京帝国美术学校学习绘画和美术史。与刘海粟相识时,他正在汉文正楷印书局担任编辑部主任,兼《国画月刊》的主编,还是美专的兼职教员。

这次邂逅,两人一见如故,相见恨晚。两人从欧洲艺术谈到日本浮世绘,从日本画坛聊到中国书画,谈得十分投机,刘海粟对眼前这个年轻有为的谢海燕颇为赏识。1935年当他结束第二次欧洲之行回到国内,开始整顿上海美专的教务工作,想找一位既有艺术修养又务实能干的教务主任时,他首先想到的便是谢海燕。谢海燕到上海美专后深得刘海粟的信任,一直与刘海粟一家住在一起。

把一切都安排妥当后,1939年11月30日,刘海粟独自一人搭上荷兰商船"芝巴德号"离开上海,取道香港,于1939年12月11日抵达巴达维亚,即今天印尼的雅加达,开始了他在南洋的抗日救亡活动。

第二节
以艺术为枪

到达印尼之后,刘海粟便开始以艺术为枪,通过筹赈画展、在所到之处发表演说,为抗日前线的将士筹募资金,以鼓舞大后方的抗日士气。

1940年1月20日,经过短暂的筹备后,"中国现代名画筹赈展览会"在巴城中华总商会开幕,展览会轰动爪哇,在当地侨胞中引起很大的反响。本次画展共展出国画作品三百九十六幅,被抗日热情高涨的侨胞一抢而空,共募得十五万印尼盾。

当地的报纸对刘海粟的义举做了大量报道,有报刊报道称:"由于刘大师人格与艺术伟大之感召,并由我侨能本踊跃输将之素衷,故此次筹赈,成绩斐然,相信能达国币十万元以上,刘大师与我侨救灾伟绩,诚不可没也。"

接着,刘海粟收到各地侨领的邀请,又马不停蹄地辗转于万隆、泗水、马浪、三宝垄等地举办画展,一时之间,南洋地区侨胞都知道有这么一位为抗日筹赈义卖的画家。所到之处,刘海粟发表爱国抗日演讲,鼓舞民众抗日。

他曾在其中一次筹赈画展上疾呼:"气节乃中国人之传统精神!唯有气节,始能临大节而不可夺⋯⋯有伟大之人格,然后有伟大之艺术。"他的演讲鼓励华人团结起来一致抗日,受到当地侨胞的热烈欢迎和支持。前后多次义卖收入超过三十万多盾,全部由华侨总会捐给贵州红十字会,转给急需救助的前线将士。

刘海粟在1941年2月发给当时的教育部长陈立夫的信中,总结了他在巴城为抗战筹款的情况:

其事,会场在中华总商会,会期共九天。全场陈列本人作品,如:九溪十八涧、寒林、饮马、寒山雪霁、言子基、啸虎、松鹰等三百点。侨胞以拙作在国际艺坛占有地位,莫不奔走呼号、眉飞色舞、流连欣赏、踊跃认购。既可助赈,又得珍藏,结果得国币十五万元余⋯⋯三月间移展泗水,由驻泗曹领事、筹赈会主席黄超龙等主持,成绩亦达国币十四万元⋯⋯五月间在陇川举行,由慈善会主席张天聪君等主其事,成绩亦达国币七万元。七月间移到万隆,主持人为慈善会当局,数日之间亦售得四万元。

此时的刘海粟不知道的是,由于他的演讲在印尼产生的轰动效应,已经被日本人盯上,后来差点引来杀身之祸。

在这个时期,热带景物的明媚光感和鲜艳色彩激发了他的创作灵感,刘海粟没有停止艺术创作,这些作品具有独特的中西合璧的风格。

在他的作品中有一幅《斗鸡图》就是他在巴厘岛上创作的。斗鸡是印尼当地的一项传统运动,刘海粟被惊心动魄的斗鸡场面所震撼,创作了这幅象征发动侵华战争的日本侵略者和奋勇抵抗的中国人民相斗的《斗鸡图》。此画在创

刘海粟油画《斗鸡图》

作上带有很鲜明的这个时期的特点：用纯色来表现光线和阴影的配合，以小笔触或者短线的方法来描绘草地和树叶。在这幅作品中，已经有刘海粟后来的"泼彩"技法的影子，正如柳亚子所评价的"火一般的颜色"和"狂飙般的节奏"。

在特殊的政治环境下，刘海粟在印尼的抗日活动很快引起了当局的关注。由于当时的印尼属荷兰的殖民地，荷兰殖民当局认为刘海粟在印尼的活动带有强烈的政治色彩，便向他下"逐客令"，要求他离境。

其时，刘海粟在印尼的抗日活动产生的影响已经蔓延到东南亚其他国家，当时的星洲（即新加坡）南侨筹赈总会副主席陈延谦、《星洲日报》副刊负责人郁达夫向他发出邀请，邀请他到新加坡去举办筹赈画展。

1940年12月21日，刘海粟乘船离开雅加达，两天之后抵达新加坡。就在刘海粟抵达新加坡后不到一个月，消息传来，上海完全沦陷。海外华人听闻噩耗，悲愤之余，更是竭尽所能为抗日高声疾呼。

当时负责《星洲日报》早报副刊《晨星》和晚报副刊的郁达夫，是"五四"时期著名的浪漫主义作家，也是一位抗日志士。他把新加坡作为"海外文化中继站"、宣传抗日的阵地，撰写了大量宣传抗日的政论、短评和诗词，在华侨中有很大的号召力。

刘海粟到新加坡之后结识了郁达夫，仿佛在乱世中找到了知音。他们常常聚在一起谈论时局，那时刘海粟一直住在新加坡侨领、名医胡坤载期颐园的家中。

有一次，刘海粟和郁达夫躺在期颐园的草地上讨论战争的局势时，郁达夫突然愤然跃起，对刘海粟说："海粟，万一敌军侵入新加坡，我们宁死不屈，不能丧失炎黄子孙的气节，做不了文天祥、陆秀夫，也要做伯夷叔齐！"他们没有料到，日军入侵新加坡比他们想象中来得要快。

在新加坡筹赈画展期间，刘海粟和郁达夫发挥各自所长，刘海粟作画，郁达夫为画作题诗，为画作点题。两个人的合作可谓天衣无缝，他们的作品备受侨民的喜爱，在侨民中一度出现了收藏"刘画郁诗"的热潮，为华侨筹赈会募得了巨额款项。

郁达夫还为刘海粟的画展撰写序言《刘海粟大师星华义赈画展目录序》，赞扬他的爱国义举。郁达夫在序言中说："我们的报国途径，原不固定在执枪杆、戴军帽的这一条狭路的，我们只教有决心、有技艺，则无论何人在无论何地，做无论什么事情，只教

刘海粟作品《墨牡丹》

这事情有一点效力发生,能间接地推动抗战,增强国家民族的元气与声誉,都可以说是已尽了他的报国的义务……艺术大师刘海粟氏此次南来,为国家筹得赈款达数百万元,是实实在在、已经很有效地尽了他报国的责任了。"

刘海粟除了为抗日卖画筹款,还在新加坡发表了大量鼓舞人心的演说,他在华人美术馆发表了《东方艺术之西渐》,在南洋美术专科学校做《现代艺术》的主题演讲,还在新加坡无线电台讲《中国画之精神》,以鼓舞民众的抗日热情。

1941年12月8日,太平洋战争爆发,日军轰炸了关岛、马尼拉、中国香港和新加坡,新加坡也岌岌可危。作为新加坡号召抗日的领军人物,刘海粟和郁达夫早就进入了日本人的视线,成为头号目标人物。

随着日本的炮火逐渐逼近新加坡这个弹丸小岛,昔日的朋友大多已经撤离了新加坡,刘海粟一时之间不知道该何去何从,上海已经完全沦陷,是回不去了,新加坡也岌岌可危,一旦日本人控制了新加坡,他也逃不脱。

当时刘海粟的几位英国朋友找到一架小飞机,预备搭这架飞机飞往印度加尔各答。他们特意为刘海粟预留了一个座位并告诉他,他是在新加坡能够搭上这架飞机逃难的唯一的东方人。

刘海粟回到期颐园,简单收拾了行李,只带了部分未装裱的作品和换洗衣服,告别了好友胡坤载和他的两个孩子,踏上了去机场的路。一路上,他脑子里不断浮现的,是几个月来自己和胡坤载以及他的孩子们相处的种种细节,想到大难临头自己一走了之,留下胡坤载一家在新加坡凶多吉少,他内心惴惴不安起来。

到了机场后,日军轰炸机也追了过来,对着机场就是一番狂轰滥炸。油库、油桶全部被击中,爆炸声地动山摇,整个机场处在一片火光之中,幸运的是他们乘坐的那架飞机安然无恙。一番轰炸之后,日军轰炸机往市内飞去,刘海粟不由地往胡坤载的期颐园方向望去,只见那边火光冲天,半边天都红了,也不知道胡坤载一家怎么样了。他临时改变了主意,不顾机上友人和工作人员的劝

刘海粟作品《黄山始信峰》

阻,执意下了飞机,又回到了胡坤载家里。

庆幸的是,胡坤载家在日军的空袭中安然无恙。看到刘海粟突然返回,胡坤载又惊又喜,怪他不该回来,错过唯一逃出去的机会。刘海粟向他提议,与胡坤载一家搭乘难民船一起从海上逃走。

第二天一早,胡坤载就出门去打听难民船的消息,回来时却带来一个惊天的消息——刘海粟原本要搭乘的那架飞往加尔各答的小客机,在起飞后未能躲过日军的轰炸,机上的人全部遇难了。在报纸刊登的遇难者名单中,刘海粟的名字赫然在列。

胡坤载认定刘海粟大难不死,必是有福之人,考虑到自己年迈行动不便,他把两个年幼的儿子胡赐道和胡赐彰托付给刘海粟,让他带着两个孩子搭乘难民船逃出新加坡。

1941年2月4日深夜,当刘海粟带着两个年幼的孩子乘上离开新加坡的难民船时,他怎么也没有想到,接下来他将经历九死一生,才回到祖国的怀抱。

第三节

南湾历险记

当天晚上,难民船从新加坡驶出后,按计划将前往印度。没想到船没开出多久,就遭到了日军炮弹的袭击,难民船被炮弹击中后船体渗水,根本撑不到印度。船长当机立断,宣布放弃远航印度,就近停靠在爪哇抢修。

到了爪哇之后,刘海粟趁着混乱,带着孩子们躲过了日本人的检查上了岸。此时的爪哇已经落入日本人手中,成为日本人的天下。他想投奔以前在这里办画展时认识的侨胞,才发现他们大多已经避难外逃早已联络不上。刘海粟带着两个孩子,一时之间竟不知道该去哪里。

后来他想起一位在爪哇开油坊的同姓老乡,就拉着两个孩子去油坊找这位老乡刘品三,却发现油坊大门紧闭着,找街坊四邻一打听之后才知道，刘品三因为涉嫌抗日被日本人抓走了。

走投无路之下，刘海粟偶然间遇到一位在爪哇开染坊的上海老乡董玉麟。好心的董玉麟收留了他们一行三人。为了避人耳目，刘海粟以上海古董商人罗赫的身份，带着孩子们，在董玉麟的染坊里安顿下来，一住就是三个多月。白天，他在染坊楼上教两个孩子学习中文，上完课之后，就到楼下染坊里帮着董玉麟干活。

到了这年4月，董玉麟因涉嫌抗日被日本宪兵抓走，刘海粟因为发烧住院，两个孩子在医院陪他，躲过了一劫。他回到染坊，发现大门紧闭，向四邻打听才知道董玉麟出了事。他吓出一身冷汗，发现自己再度陷入了走投无路的困境。

正当他带着两个孩子离开染坊，不知道下一步该往哪里走的时候，当初安排他到印尼的侨领范小石找到了他们。经范小石的安排，刘海粟和两个孩子被送到离巴城不远的米斯脱山区小镇，在那里安顿下来。

米斯脱小镇十分偏僻，是个与世隔绝的世外桃源，在战乱时期倒是个藏身的好地方。刘海粟和两个孩子被安顿在米斯脱半山上的一间小屋子里，他继续以古董商罗赫的身份和两个孩子在这里生活。白天教他们写生、画画、学习中文，带他们漫步乡间小道，看海上日升日落。范小石还安排了一个人照顾他们的生活起居，日子过得倒也怡然自得。

不久之后，印尼和新加坡之间恢复了邮路，刘海粟托人给胡坤载带了话，接到消息的胡坤载托人接走了孩子，留下刘海粟一人在这里生活。

大约是这里平静、安宁的生活，让刘海粟忘记了外面的世界依然战火纷飞、危机四伏，他放松了警惕，也许是一个人的生活太过孤单，他与附近的人交往频繁起来。后来有人认出了他，知道他就是那个曾经在南洋各国筹赈画展的爱国抗日画家刘海粟，便向日军告密。

1943年3月的一天，三名日军军部特务突然闯入刘海粟住的小屋，径直走

刘海粟作品《黄山温泉》

到他的房间里,盘查了一番他的身份。刘海粟自称姓罗来自上海,在印尼做古董生意。日本特务听后掏出几张报纸,上面有他在爪哇举办画展时的照片,直截了当地指出:"你不姓罗,你是刘海粟!"刘海粟见日军早就识破了自己的身份,干脆大方承认。不过日军特务并没有为难他,在细细盘问了他一番之后就离开了。

刘海粟自知凶多吉少,怕自己万一有什么不测,远在上海的成家和与孩子不知情,就把成家和的名字和他们上海家中的地址给了他在当地的两名学生,告诉他们,如果他遇到不测,请他们给成家和拍一份电报。

第二天,日本军部华侨班长平山熊雄将他带到日本军部。在审讯室,他见到了日本军部的五名军官。其中为首的叫丸琦大佐,他用流利的中文盘问了刘海粟一番,问他到南洋的目的是什么?刘海粟说自己是一名画家,来南洋观光写生。

丸琦身边的一位军官听刘海粟这么一说,板着脸丢了一摞资料在桌子上。刘海粟扫了一眼,发现上面贴的全是他在爪哇各地筹赈展览的报道,原来日军早就掌握了他的一切。

事已至此,刘海粟也并不打算继续隐瞒,承认了自己在南洋的抗日活动。同时他解释说,他爱自己的祖国,如同日本人爱自己的祖国。甚至做好了最坏的打算。

刘海粟没有料到的是,日军并不想要他的性命,而是又开始了汪精卫的那一套,对他进行游说,劝他"识时务者为俊杰",希望利用他个人在中国和日本的影响力,为日军服务。

被刘海粟拒绝后,丸琦并没有为难他,让他回到米斯脱的家中,并叮嘱他不要擅自离开。刘海粟回到家中,在忐忑不安中等了两个多月,但再也没有人来找过他。

正当他在猜测日本人葫芦里卖的什么药时,1943年5月5日,平山熊雄再

刘海粟作品《灵隐》

次造访,把刘海粟带到华侨班。刘海粟心里暗想,这回真的是在劫难逃了,心里不由地涌起一阵悲壮。

但是日本人仍然没有为难他,一个叫丰岛的日本军人告诉他,接到日军司令部的命令,将在二十天内用飞机将刘海粟送回上海,让他回到上海之后待命。

待命?刘海粟不知道自己承担了什么样的使命,但是想到可以回到上海,回到妻子和孩子身边,重返上海美专,心里十分期待。

在《沧海一粟》中,刘海粟回忆,当时日本人为他举办了隆重的践行宴。5月18日,日军参谋部为他举办了隆重的践行仪式,把他奉为座上宾,之前审讯过他的丸琦大佐等人悉数到场。第二天,他便搭乘日本军部的军用专机从印尼飞新加坡,取道西贡,抵达广州。

他在日本人的安排下,在广州待了几天。这几天里,日本人又为他举办了盛大的宴会,为他接风洗尘。5月25日,刘海粟才回到阔别几年的上海,当时的日本华东陆军司令川本芳太郎派了自己的副官去接他。

虽然终于回到了上海,刘海粟的归途走得并不轻松,日本军部大张旗鼓地弄出这番动静,又是为他践行,又是派军用专机送他回上海,是在向外界发出信号:刘海粟已经投靠日本了,以此来逼他就范。这也给他留下了话柄,后来刘海粟一度被指责为"汉奸",被世人所误解,说他在抗日战争时期和日本人称兄道弟,成为他人生中的一个"污点"。在后来的政治风波中,他背负着"汉奸"这个罪名,成为"革命"的对象。

刘海粟不是不知道这个道理,但他并没有做过多的解释。在《沧海一粟》中他这样说:"这种事情你不能解释的,越解释越不清楚。但是内心痛苦极了。"

为了与日本人划清界限,刘海粟回到上海后,对上海美专的学生提出要求:不向伪教育部登记,不理会来文表格,不受节制,不参加集会,不领取配给米。为了解决学校的经费问题,他拿自己的房子做房契抵押,贷款解决学校开支和学生的生活。

真所谓"屋漏偏逢连夜雨",正当刘海粟被许多人误以为卖身投敌做了汉奸,内心痛苦不堪时,他的生活也在悄然间发生了很大的变故。

第四节

一生挚爱夏伊乔

从南洋回到上海睽违已久的家,刘海粟没有见到妻子成家和,而是听到了她已经另结新欢、离家出走的消息,她的新欢是当时上海的亲日生意人萧乃震。萧乃震是江苏苏州人,出身于苏州望族,父亲萧冰黎是实业家,与沈柏寒、严大容等人一起创办电灯厂,曾任当地乡议会副会长。萧乃震早年留学德国,回国后做起了商人。

据刘海粟的女儿刘蟾后来在纪念父亲的一篇文章《父亲刘海粟的悲欢五十年》中提到,刘海粟被日军专机送回国的事情,与萧乃震有关。

其实,刘海粟与成家和之间矛盾早已存在,只是刘海粟避难南洋这几年,加速了两人矛盾的激化,而萧乃震的出现,直接导致了两人关系的彻底决裂。

和很多搞艺术的人一样,刘海粟对金钱不太敏感,常常是看到喜欢的作品,不惜重金也要收入囊中,高兴了又把自己的画作拿去义卖,用于美专的经费和其他公益活动,很少过问家里的生活开支。这让成家和心里积了不少怨气,时常当着刘海粟的面抱怨说:"都说我老公名气响,家里门面大,其实是个空皮囊。人家夫人都穿金戴银的,你只顾自己买画,也不问问我和孩子们的用度够不够。"

刘海粟一直不以为意,也没有体会到成家和心里的委屈,两个人逐渐心生嫌隙。等到他去南洋筹赈展览的时候,两个人的矛盾彻底激化了。

临走之前,成家和再三告诫刘海粟,不用把义卖的钱全部都捐出去,要给家里留一点,毕竟家中还有两个孩子。刘海粟想着以前张韵士从来不在金钱上对他干涉过多,觉得成家和对金钱太过重视,心里难免有些不满。

到了南洋,刘海粟把成家和的话完全抛在了脑后,画展义卖筹得的钱,一分不剩全部捐给了红十字会。成家和一个女人带着两个孩子在上海,生活也不容易。她看报纸上天天报道刘海粟画展筹到了多少钱,几年来却没有从他这里收到过一分钱,心里的怨气更大了。期间,成家和也曾去南洋探过亲,试图劝说刘海粟多为家庭和两个孩子着想,但是两个人之间对金钱的观念差别较大,关系已经到了无法弥合的地步。后来她遇到了做生意的萧乃震,便果断地向刘海粟提出了离婚。

得知成家和另结新欢之后,刘海粟心里多少有些不痛快,但还是答应了她离婚的要求,并祝她再婚后"永久享受幸福美满之生活"。不过,成家和再婚后的生活并未如刘海粟所愿永远幸福美满。她与萧乃震结婚后,住进了安定坊1号,1947年,两人生下女儿萧亮。1948年,两人带着两岁大的女儿去了香港。不久,萧乃震就一病不起,客死他乡。

萧乃震去世后,成家和打算带着女儿去台湾定居,把萧乃震留下的家产托

夏伊乔作品

给一位朋友，由这位朋友带去台湾。按计划，她带着女儿随后去台湾。不料，这位朋友飞机失事，成家和所有的财产在这次空难中不见了踪影，她一下子从阔太太回到了清贫的生活。后来她和女儿留在香港，为了生计，在女儿六岁的时候就把她送进香港娱乐圈讨生活，这就是后来香港演艺圈的著名艺人萧芳芳。

刘海粟这边，日本军部依然没有放弃笼络刘海粟，不断通过刘海粟身边亲近的朋友钱瘦铁、吴湖帆等，继续拉拢他。

有一次，川本芳太郎在位于新安路的日本陆军华东司令部设宴，请刘海粟赴宴。刘海粟到了之后一看，当时上海艺术圈里相识的朋友，吴湖帆、贺天健、陈秋草、吴青霞等悉数在场。席间，川本芳太郎宣布，要办一个中国画研究会，促进中日文化交流，请刘海粟出面领导这个研究会。其他人也很配合地劝起他来。

刘海粟想推辞，但又不便直接拒绝，得罪了川本芳太郎。刚好他刚经历了与成家和的婚变，便以此为借口，推脱家变之后，自己情绪低落，无心社会事务，连上海美专的事情都很少过问，更不用说领导什么研究会了。

日本人见一计不成，又生一计，这回给他使的是"美人计"。他们见刘海粟刚经历婚变，觉得他此时内心一定很寂寞失落，有可乘之机，就经由当时汪伪上海特别市银行公会秘书长林康侯，把《太平洋周刊》的一位漂亮女记者介绍给刘海粟。这位年轻貌美的女记者，其实还有另一个身份——日本华东陆军军部特务，她被安插在刘海粟身边的任务，是套他话，用美色拉他下水。

刘海粟将计就计，反过来利用这名女记者为自己做宣传，把自己想发表的想法，借她的笔说出去。日军陆续又派了几名年轻漂亮的女特务来"色诱"他，均以失败告终。

晚年刘海粟回想起来十分感慨，当时回到上海，在日本军部的安排下，接触了那么多年轻漂亮的女人，却没有一个入他的法眼，令他动心。因为那时候，他心里一直惦记着在南洋时期认识的一个名叫夏伊乔的女学生。

夏伊乔祖籍浙江鄞县，生于上海，幼年随

刘海粟夏伊乔结婚合影

夏伊乔陪同刘海粟四处写生，享受着艺术创作带来的纯粹乐趣

父母移居印尼,是南洋富商之女,比刘海粟小了二十多岁。在认识刘海粟之前,她也有过一段婚姻。在抗战爆发不久,她不顾家人的反对,毅然嫁给她的同学且是一位爱国华侨的梁国华。不幸的是,新婚不久,梁国华就在保卫武汉的空战中牺牲了,第二年她生下遗腹女梁国秀。父母心疼她一个人带着幼女生活不易,把她接回万隆的家中,帮她养育女儿,又送她到美术学院学画。

刘海粟远到南洋筹赈画展的时候,夏伊乔正在印尼的一所学校教中文。一次偶然的机会,她听了一场刘海粟的抗日宣传演讲,对眼前这个慷慨激昂、抗日救亡的画家充满了崇拜之情。刘海粟在演讲中提到的历代文人注重"岁寒三友",因为它们隐含着中华民族坚忍、高洁的人格和节操。夏伊乔颇有感触,她就递了个条子给刘海粟,表达了想拜他为师的愿望。刘海粟对眼前这位美丽大方的女孩也很有好感,欣然答应。后来刘海粟住在夏伊乔的一位亲戚家,两人一个学画,一个教画,天天朝夕相处,关系越来越亲密。

那时刘海粟还是有妇之夫,只能把对夏伊乔的感情埋在心里。后来在南洋为躲避日军的追捕,四处东躲西藏,更是无暇顾及这段感情。直到回到上海之后,她的模样不断地浮现在他的眼前,才知道自己心里一直牵挂着她。

一天,刘海粟意外地接到了夏伊乔打来的电话,一问才知道,她住在上海的华懋宾馆。原来日本人知道了刘海粟的心思之后,就派人到南洋去打听夏伊乔的下落,找到她后,直接用飞机把她送到上海,安排她住进了华懋宾馆。刘海粟当时心情十分苦闷,夏伊乔的到来像是豁朗的阳光照进了他的生活,把阴霾一扫而空,让他又惊又喜。

刘海粟也知道,年轻漂亮的夏伊乔身边不乏追求者,他并不奢望夏伊乔会痛快地嫁给自己,便给夏伊乔三天的时间考虑。没想到半天不到,夏伊乔就做了答复,这让刘海粟喜出望外。1944年1月16日,刘海粟和夏伊乔在上海外滩12号工商联谊会举办了婚礼。

刘海粟把夏伊乔称作是"恢复春天生机的人",是"人间难得一知己"。夏伊

刘海粟与妻子夏伊乔

乔性情温和,又不失俏皮,大家闺秀出身的她,在钱财上的态度与刘海粟十分接近,一向不斤斤计较。后来在上海美专经济困难时,她甚至卖掉母亲赠予的金银细软来支持上海美专的办学,这让刘海粟感动不已。

夏伊乔为人十分宽容大度,她并没有一般女人的狭隘,对刘海粟前妻的子女视如己出,对他的前妻张韵士也照顾有加。

张韵士与刘海粟离婚后就没有再婚,独自一人带着儿子刘虎、刘豹,住在离刘海粟复兴路的家不远的一条弄堂里。两个儿子读书很争气,先后去国外读书。张韵士多年独居染上了毒瘾，日子过得孤单凄苦。夏伊乔知道后，就把张韵士接到家中一起生活了十三年。晚年张韵士病倒在床生活不能自理，全靠夏伊乔照顾她，为她洗澡擦身，直至张韵士去世。

很多人不明白夏伊乔为什么对张韵士如此厚道。她说，刘海粟在感情上亏欠了张韵士，这不过是在替刘海粟弥补她。后来听说在香港的成家和生活不顺，夏伊乔还专门去香港看望过她。

夏伊乔的温和大度，给了刘海粟自由自在的生活，他可以专心于自己的绘画和教育工作。

刘海粟在《老梅香馥自年年——谈我的爱情生活》中曾对夏伊乔充满了溢美之词："夏伊乔……开诚相见，以诚相待，使我前妻的孩子刘虎、刘豹、英伦和刘麟得到了温暖。以后，伊乔也生了三个孩子——儿子刘虬和女儿刘虹、刘蟾。更重要的，我不仅没有后顾之忧，有更多精力去奋斗，并且在我艺术与生活道路上，有一个可以及时提醒我和我同甘共苦的伴侣。"

在她人生的大部分时间里，夏伊乔都是以"刘海粟太太"为人所知，她自从嫁给刘海粟之后，就一直尊称他为"先生"，为了照顾先生，她几乎完全放弃了自己的艺术追求。

其实她也是一位优秀的画家。2017年是夏伊乔一百周年诞辰，在上海刘海粟美术馆举办的"沧海伊人——纪念夏伊乔一百周年诞辰"专题展中，展示了大量夏伊乔的作品，她的作品有俊秀伟岸的黄山、宁静祥和的乡村、烟雾弥漫的太湖。像《渡舟夕照》《太湖渔舟》《泼湿黄山几段云》等作品，都是她陪伴刘海粟外出写生时创作的。这些作品在追随刘海粟艺术风格的同时，又发展出自己的艺术语言。她的作品秀逸清丽，遒劲潇洒，是一位不可多得的艺术家。

只是为了家庭和丈夫，她搁置了自己的画笔，把大半生的精力都花在丈夫身上，让他集中精力从事艺术创作。南京艺术学院教授张文俊有一次在宾馆见到刘海粟夫妇，刘海粟在客厅里作画，夏伊乔就在卫生间的大浴缸上放一块木

夏伊乔作品《渡舟夕照》

板画画，画完了就把作品随手一卷，带回家往墙角一搁就忘了。后来女儿刘蟾把母亲的画作整理出来，才让世人得以发现夏伊乔被埋没的才华。

在刘海粟此后的人生中，夏伊乔始终都陪伴在他身边，无论是他人生的巅峰还是低谷。刘海粟人生得意的时候，她从来不邀功，只是默默地帮他打点好生活中的一切；刘海粟人生陷入低谷时，夏伊乔也始终不离不弃，用她无微不至的照顾，帮刘海粟抵挡外界对他的打击，做他的坚强后盾，让他度过了最为艰难的时期，在人生的晚年迎来艺术创作上的又一个高峰。

1994年6月19日，夏伊乔七十八岁生日。很少记得夏伊乔生日的刘海粟，突然提醒身边的人，夏伊乔的生日到了。他还特意穿上西装，喷了法式香水，坐在书桌前，在一张红纸上，挥笔写下一个大大的"爱"字，这是他送给夏伊乔的生日礼物。他对身边的人说，鲜花、蛋糕这些礼物你们送，我送她一颗爱她的心。

刘海粟送给妻子夏伊乔的生日礼物

夏伊乔收到这个礼物后，感动得直流泪，几十年的辛酸苦辣，都被这个"爱"字所化解了。刘海粟去世后，这幅"爱"字一直被悬挂在家中客厅的墙上。

第五章

重扬艺术之帆
CHONGYANG YISHU ZHIFAN

没有了社会事务缠身的刘海粟,一头扎进了绘画艺术的研习中,潜心研究绘画技艺,在复出后迎来了个人艺术生涯的又一个高峰,并创下了"十上黄山"的壮举。在他人生最后的十五年里,他的个人威望和艺术又上了一个新台阶。

第一节
人生低谷

中华人民共和国成立后,由于当时国内的形势,刘海粟在很长一段时间里都被美术界边缘化。在此后的二十多年里,他不光失去了一手创办的上海美专,还失去了过去几十年积累起来的社会地位和个人威望。

从"反右"到"文革"的近二十年里,他跌入了人生的低谷,从艺术大师沦为"右派""反革命"。在这个时期,郁郁不得志的刘海粟,没有了社会事务缠身后,一头扎进了绘画艺术的研习中,潜心研究绘画技艺,在复出后迎来了个人艺术生涯的又一个高峰,并创下了"十上黄山"的壮举。在他人生最后的十五年里,他的个人威望和艺术水准又上了一个新台阶。

1945年8月,随着日本宣布无条件投降,上海美专在结束了八年的离乱之后,终于有了喘息之机。刘海粟这时也回到学校复职,满怀信心地为上海美专重新走上正轨做准备。

让刘海粟特别高兴的是,以前上海美专的老同事,

20世纪60年代,刘海粟在家中作画

谢海燕、王隐秋、刘狮等都陆续回归美专。太平洋战争爆发后,谢海燕带着美专学生迁至浙闽,后来参与创办国立东南联合大学。刘海粟复任美专校长后,他应邀重返美专,出任副校长。

同时,学校的教学秩序也在有条不紊地恢复当中:抗战中学生的学籍也在整理中,校园里一派生机勃勃的景象,学生社团活动开展得如火如荼,茶话会、化妆聚会又都恢复了……

当时正在上海美专西洋画系就读的木心曾这样描述这个时期上海美专的校园氛围:晨起盥洗,早晨既毕,换上浆洗一清的衬衫(多数是纯白),打好领带,擦亮皮鞋,梳光头发,挟着画具健步经长廊过走道上楼梯进教室……他曾感叹说:"上海美专无疑是我快乐的淘气竞技场,与往昔踽踽独行在西子湖畔的惨绿少年已经判若两人。"

一切都走上了正轨,让刘海粟满怀信心地以为,上海美专的复兴指日可待。在他的计划中,要把上海美专建设成一所完备的现代美术综合大学。

1949年以后,刘海粟一心扑在学校的事务中,制订学制和学校课程,积极参加院校之间的交流,向其他院校学习,改革美专。当时杭州国立艺专是很多院校学习的样本,学校在课堂教学之余,还扩大学生的社会实践,组织学生到

农村、工厂劳动,体验生活。上海美专以此为参考,组织三十余人的师生农村实习团,到松江金山嘴海嘴下体验生活。

从1951年到1952年上半年,文艺界开展整风学习运动。这是中华人民共和国成立后文艺界的第一次整风运动,是一次对知识分子的思想改造,也被称为新中国文艺的一次"基本建设"。

在运动的大势下,上海美专被批为"资产阶级艺术思想占统治地位","反映在教学上,基本练习压倒创作,成为单纯技术观点的创作,轻视民族遗产,以盲目崇拜西欧形式主义艺术,轻视普及,不适当地重视油画"。

身为校长的刘海粟也做深刻的自我批评,承认自己犯下了"贩卖欧洲形式主义艺术塞尚、梵•高及'美专第一'的宗派主义的错误",这里的"宗派主义"指的是他与徐悲鸿的恩怨。在大大小小的思想改造会上,刘海粟耳边也充斥着对他的各种批评,群众认为"刘校长有严重的官僚主义","刘校长不常到校,不联系群众,什么事情都不管,只拿薪水",刘海粟已经被主流排斥在外,从曾经的众星捧月跌落到成为群众批判的对象,这种心理上的落差可想而知。

1952年9月,随着华东艺术专科学校的成立,上海美专的历史就此定格。这所由刘海粟一手创办的学校,与苏州美专、山东大学艺术系合并为华东艺术专科学校,刘海粟受邀担任华东艺专校长。

此时,苦心经营了四十年的上海美专就这么没了,刘海粟有些心灰意冷。他以身体衰弱为由推辞,最后在中央的再三邀请下,还是接受了任命。当时的华东军政委员会文化部副部长彭柏山说,他可以不管行政事务,专心创作即可。

此后,刘海粟也的确没有过多参与学校事务,而是全身心地投入到艺术创作中去了。在这段时间里,他在夏伊乔的陪同下,赴无锡、北京、苏州、西安、黄山等地采风、写生,仿佛又回到了第一次欧洲游学的那段时光,享受着艺术创作带来的纯粹乐趣。

刘海粟、夏伊乔、刘蟾三人在家中赏画

他到全国各地考察写生，通过绘画的形式表现祖国的大好河山和各族人民的新面貌。1957年，上海美术馆举办了"刘海粟国画、油画展览"，展示了他1919年到1957年间所创作的作品。

也是在同一年，整风运动开始。刘海粟以前接触的都是社会名流，自己也处于社会上层，说话不用细细斟酌，向来直来直去，难免有一股傲气，对一些领导不买账，得罪了不少人。

在给刘海粟列举的"罪状"中，有很多他在那个时期在不同场合的发言，比如1957年中共上海市委召开座谈会时，刘海粟在会上发言说："上海美专有优良传统，有经验，不应该连根拔。"他对美术创作倾向于苏联的写实主义模式，而缺少风格形式的多样化有异议，认为这是"千篇一律"的"照相主义"。他说："世界上绘画最好的当然不是苏联。即使是列宾、苏里科夫在世界美术史上也只是二三流的角色。"

这些言论免不了得罪一些人，也成为后来把他划分成"右派"的依据，同时他还被免去华东艺专校长的职务。这对刘海粟是个巨大的打击,他因为愤懑又无处宣泄,一下子严重中风,连话都说不出来了。

温和的夏伊乔在这个时候展现出女性特有的坚韧,用爱来医治丈夫心灵的创伤。自从戴上了"右派"的帽子,刘海粟的职称从一级教授降到了四级,收入一落千丈,家里的生活条件已经大不如前,她还是想办法给刘海粟最好的物质条件,让他尽快恢复身体。

当时夏伊乔有个大哥在香港,经常从香港给他们寄一些糖和油之类的食品。夏伊乔就把多余的糖、油拿到市场上去换钱,用换来的钱给刘海粟买各种营养品。经常天还没亮,她就搭乘公交车去郊区的市场,从鱼贩那里采买刚捕捞上来的新鲜鱼虾,曾以五十元一斤的天价买下,回家熬制后喂给刘海粟。

女儿刘蟾回忆说,夏伊乔宁可自己吃青菜、辣酱,也要保证刘海粟每天都能喝上一瓶牛奶,她还请了推拿医生到家里,给刘海粟做针灸治疗,帮助他做恢复锻炼。

在夏伊乔的悉心照料下,七个月没有开口的刘海粟竟能说话了。慢慢地,身手也一点点重又矫健,又能拿起笔,可以作画了。1958年以后,刘海粟曾前后三次中风,都是在夏伊乔无微不至的悉心照料下恢复了健康。

刘海粟的挚友冯其庸就说:"夏师母如果单从自己着想,一心从事创作,她成为著名的画家,是绝无疑问的。但是为了海老,她却搁置了自己的画笔,以照顾爱护海老为自己的毕生职责,这种成人之美的高贵品德,实在令人钦佩不已。"

病愈之后,刘海粟第一件事就是画画。他的作品中有一幅《最爱无花不是红》,创作于1962年。当时刘海粟刚刚从中风的病痛中解脱出来,康复后的第一件事就是重新拿起画笔,创作了这幅作品。他说:"莫把眼前的疾苦,当作生活的尽头。疾病是丑恶的化身,生活和创造才是美的代表。但凡是丑恶猖獗的地方,都有美在抗争着。生命和美是不朽的。"

Liu Haisu 刘海粟

刘海粟作品《红杜鹃花》

131

在那个人生的低谷期,帮助刘海粟抵御外界的诋毁和伤害的,就是陪在他身边的夏伊乔和他一生醉心的艺术创作。他把自己沉浸在绘画这个发现美、记录美的世界里,让艺术之美成为他抵御世间丑陋与恶的武器。

1966年,刘海粟刚摘掉"右派"的帽子不久,一场史无前例的政治风暴袭来,进入古稀之年的他又遭到迫害。

这年8月下旬的一天,一群红卫兵和"革命"群众拥进刘宅,向刘海粟和夏伊乔宣布,他们响应毛主席的号召,要革命造反,破除"四旧"。刘海粟指着家里壁炉上方的一幅水粉画说,家里别的都可以处理,但这张画要保留下来。这幅画是上海市市长布置给他的任务,国庆10周年时,上海人民在南京路上庆祝游行,他在上海国际饭店用画笔记录下了这一盛况。

当天晚上,刘宅院子里、家门口的马路上,火光冲天、浓烟滚滚,红卫兵们置刘海粟夫妇的劝阻于不顾,在他家里进进出出。从他家里抄出足足有十米高的书画,统统扔到火堆里焚烧掉。幸亏一位过路人痛惜这些珍藏的字画就这样被毁于一旦,上前以"工人"的名义镇住了这些"革命小将",才阻止他们继续焚烧。

由于抗战期间与日本人之间说不清楚的关系,刘海粟被扣上了各种"反动""汉奸"的帽子,还时不时地被拖去批斗。每次在批判大会上,台上的人喊"打倒刘海粟",夏伊乔在台下也会跟着喊,等批斗完了,她马上跑到台上去把他搀扶起来,两人相互搀扶着回家。夏伊乔说:"政治上划清界限是可以的,但生活上我必须要照顾好他。"夏伊乔就是这样用她的智慧,在刘海粟人生的低谷期,为他搭建起一个"避风港",给他喘息的余地,让他仍有创作的空间。

"文革"期间,红卫兵到刘海粟家抄家多达二十四次。夏伊乔为了保住刘海粟的珍藏,把他的作品和藏品锁在书房里,故意把自己的字画摆在书桌显眼的位置上,红卫兵来了之后,哪里分得清哪些是刘海粟的作品,哪些是夏伊乔的,不分青红皂白,拿起书桌上的字画就烧。"母亲的字画虽被付之一炬,但却保全

刘海粟作品《泼彩黄山》

了父亲的作品与藏品,真是了不起的'替身'"。刘蟾说。

经过多次抄家和批斗后,刘海粟夫妇被赶出复兴路的寓所,搬进瑞金路一个弄堂的地下室。为了给刘海粟一个安心作画的环境,夏伊乔用布条和画框把地下室隔成两间,为刘海粟搭建起一个画室,自己在门口把风,让他能够安心地伏地作画。白天不能画,到了晚上,他就挪开床,趴在地板上画,画完之后再把床挪回原地,第二天晚上接着画。

在女儿的记忆中,夏伊乔总是有一种云淡风轻的乐观,"我不怕"是她常挂在嘴边的一句话,在艰苦的年代里,她跟着刘海粟吃了很多苦。那时候,造反派把刘海粟和她隔离审查,刘海粟被关押在客厅,她被关进卧室审讯。有一次,红卫兵把一个小方木凳翻过来四脚朝天,喝令夏伊乔跪在上面,令她双手高举着砖头一样厚重的西洋画册交代问题。

即便这样,她总是能保持着豁达的心态,机智地与造反派周旋。晚年她和刘海粟的学生说起这段往事,讲她如何在困难时期用粮票换母鸡被抓后,索性在院子里养了十几只鸡。这些不堪的往事,从她口中轻描淡写地说出来,苦难也被她轻松化解了。很难想象，如果没有夏伊乔，刘海粟是否能够走出人生的低谷。

1971年，上海召开宣判大会，刘海粟以"攻击无产阶级司令部"的罪名被判为"反革命分子"，判刑二十五年。听到审判结果，刘海粟怒火攻心，在一片"打倒刘海粟"的口号声中昏迷过去。后来因为身体原因，他没有进监狱，被安排监外执行。

第二年，借着尼克松、基辛格访华的契机，刘海粟和张韵士的长子刘虎回国探亲。刘虎当时已任联合国秘书长助理，外交部考虑到国际影响，给上海市公安局打电话，才摘掉了刘海粟"反革命分子"的帽子。

在这些日子里，刘海粟也从来没有停下手中的画笔。用他女儿刘蟾的话来说："不画画那就不是刘海粟了"。其间，他潜心研究水墨画，对中国画的用笔、用墨、用水和章法、意境等，做了多方面的探索研究，在青绿和泼墨的基础上，汲取油画之长，把泼墨泼彩技法推向一个新的阶段。为迎接儿子刘虎回国探亲，他创作了《黄山图》《红梅图》等中国画。

这些蛰伏的日子，为他以后的复出积蓄了能量，在人生的暮年依然能够重整旗鼓，向艺术巅峰再次发起冲刺。

第二节

年方八二

1979年,经历了十年浩劫的刘海粟,终于拨开乌云见青天,迎来了艺术生命的第二个春天。

这一年,"四人帮"制造的关于刘海粟的种种不实之词和诬陷,被彻底推翻,八十四岁的刘海粟被恢复了名誉、一级教授的职称,同时被任命为南京艺术学院院长(即原来的华东艺专),并担任上海美协常务理事、上海市第五届政协委员、全国政协委员。

同年,由中国美术家协会、中国美术馆、中国美术家协会上海分会联合主办的"刘海粟绘画展览"在北京中国美术馆举行。在生命最后的十五年里,刘海粟得到艺术界主流的认可,他的威望和社会地位都达到了个人生命中的顶峰。

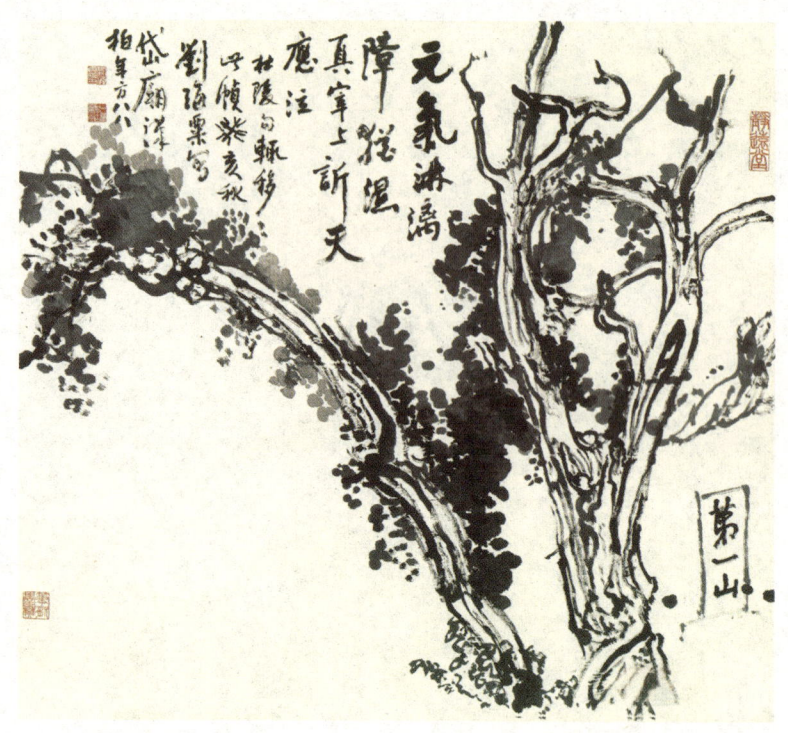

刘海粟作品《汉柏》

　　1977年,粉碎"四人帮"后的第一个春天,刘海粟开始了他艺术生涯的第二次飞跃。这一年,他开始在书画作品上题"年方八二",用"方"字冠于岁数,作为新我新画的纪年,以示丹青未老,对美的追求和方兴未艾的一片童心。这一时期,经过了几十年低谷期的潜心修炼,他的创作力开始爆发。在夏伊乔的陪同下,他应邀到北京、天津、上海、大连、桂林等地四处采风、写生,创作了大量作品。比如从他为庆祝中华人民共和国成立30周年所做的《重彩牡丹》《匡庐图》以及《清奇古怪汉柏》等作品中,能强烈地感受到,进入古稀之年后的刘海粟重新焕发出青春活力的激情。

　　南京艺术学院教授张文俊记得,20世纪80年代初,刘海粟刚复出的时候,曾提出要到苏州画"清奇古怪",张文俊说"清奇古怪"你都画过了怎么又画?刘海粟说,那是过去画的,现在画,要比较比较,较量较量,大有一副"老夫聊发少年狂"的样子。

但这并非他的"狂妄",而是他在艺术的道路上,依然在不断创新,攀登新的高峰。

1984年6月,八十九岁的刘海粟率领江苏书画家代表团出访日本。第二年5月,他再度飞往东京举办"刘海粟中国画展"。在开幕式上,他说:"我在作品的落款中写'年方九十',就是说我刚刚九十岁,还很年轻,我在艺术的道路上要不断创新,攀登新的高峰。"1986年,刘海粟访问法国三个月,重游巴黎。1989年又前往联邦德国科隆市举办个人画展,随后前往瑞士,又折返汉堡,飞往太平洋东岸。

这是刘海粟人生中再度辉煌的时期,春风得意的他,尽管已经九十岁高龄,在经受长途劳顿之后,依然精神抖擞,四处写生,挑战自我。

1990年4月,刘海粟在台湾举办了个人展览后,飞往洛杉矶。这年5月,他应侄儿刘狮的邀请,乘直升机到亚利桑那州西北部的科罗拉多大峡谷进行野外写生。站在峡谷边缘,大自然的鬼斧神工惊得他目瞪口呆。他一直坐在峡谷口风景最好的地方,画了两幅油画和一幅中国画。他在画上题词:"天下奇观大峡谷,笔墨淋漓刘海粟。九十五岁何尝老,兴来往往欺造化。"

当时谷口风很大,风中还夹杂着沙尘。夏伊乔担心九十五岁的刘海粟一直坐在风口会着凉,好在回去之后他倒也没生病。女儿刘蟾说,爸爸之所以健康长寿,是因为他把生命和艺术拧在一块了。

与刘海粟生命拧在一起的还有他一手创办的学校。1952年全国高校调整以后,上海美专与苏州美术专科学校、山东大学艺术系合并成华东艺术专科学校后,迁往无锡社桥;又于1958年1月迁往南京丁家桥,同年6月更名为南京艺术专科学校,也就是现在的南京艺术学院。

当时刘海粟担心自己一手创办的上海美专被"连根拔掉",后来在南京艺术学院,他看到上海美专的精神已经在这里扎根,它点燃的艺术教育薪火在这里得到了传承,感到特别的欣慰。

1986年，刘海粟(前左)，夏伊乔(后右)，刘蟾(前右)

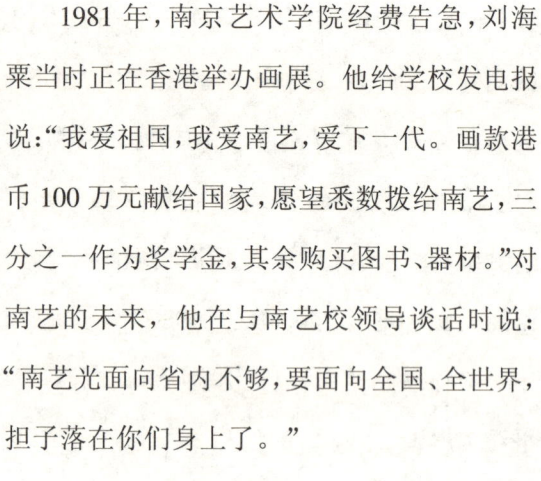

关全的《溪山幽居图》

1981年，南京艺术学院经费告急，刘海粟当时正在香港举办画展。他给学校发电报说："我爱祖国，我爱南艺，爱下一代。画款港币100万元献给国家，愿望悉数拨给南艺，三分之一作为奖学金，其余购买图书、器材。"对南艺的未来，他在与南艺校领导谈话时说："南艺光面向省内不够，要面向全国、全世界，担子落在你们身上了。"

在他人生的最后岁月里，他有一个非常强烈的愿望，就是把自己收藏的珍品书画和自己一生创作的作品无偿捐赠给国家。

刘海粟一生收藏了大量的艺术珍品。他的第一件重要藏品是1919年收藏的五代著名山水画家关全的《溪山幽居图》。后来就一发不可收拾，看到喜欢的字画就不惜重金买下。据他自己透露，在上海美专时期，虽然自己的收入并不多，但凡遇到自己看中的东西，都会有相熟的银行家帮他买下来。

大概也正是因为这个，他晚年一直念叨着自己家里的藏品不属于个人，而是属于国家的。在他的生命进入倒计时的时候，他提出成立一个清点小组，由于藏品较多，清点小组的成员每天到他位于复兴中路512号的家中进行清点。

1994年3月24日，由刘海粟美术馆首

任执行馆长杜乐行、上海申泰和律师事务所主任张笃为等人组成的清点小组走进复兴中路512号,开始了为期一个半月的清点工作。他们从刘海粟家中清点出十六件元代作品,八十一件、一百多幅明代作品,清代作品一百三十六件、二百幅。

张笃为回忆说,他们在清点这些作品时,刘海粟几乎每次都到场,他把画一幅一幅地打开以后,就久久凝视着,一动不动,从他的眼神中仿佛看得出很多过往,也许每一幅作品后面,都有一段珍藏在他记忆深处的往事。在他的藏品中,有一幅北宋时期擅长江南山水画的画家巨然的作品《茂林叠嶂图》,这幅画是刘海粟在一位银行家的资助下,花了两百两黄金买来的。

他对清点小组的人说:"我所收藏的东西,我死后,我的子女家属,只能得到我本人的作品一两幅留作纪念,其他全部无偿捐献给国家。"

这些作品最后大部分都收藏在上海刘海粟美术馆内,只有少部分赠给南京艺术学院和常州刘海粟美术馆。之所以把这些作品留在上海,刘海粟有他的考虑,一来上海是他艺术的策源地;二来上海是一座国际化的大都市;第三他本人也是一位在国际上享有盛誉的大师。

在安排好了这一切,过完南京艺术学院为他举办的百岁庆典后,1994年8月6日晚,他对身边的人说:"我累了,要休息了。"这成了他最后的遗言。

8月7日凌晨,刘海粟那颗充满"弹力"的心脏停止了跳动。

8月18日,刘海粟遗体告别仪式在上海举行。上海美专第一届毕业生、一百零三岁高龄的画家朱屺瞻为他写下挽联:"昔日鹏鲲扶摇刘郎年少丹青染出新天地,而今斗柄折损海翁已去江山顿失老画魂。"

当时的国家领导人江泽民、胡锦涛、王兆国等都先后发来唁电。中华人民共和国教育委员会的唁电对刘海粟的一生做了高度评价:"刘海粟教授是我国新美术运动的拓荒者,现代艺术教育的奠基人。"

第三节

十上黄山

在刘海粟晚年的作品中,黄山是他绘画的一大主题,他创作了大量泼墨、泼彩黄山图,例如《蓬峰紫霞》《百丈泉》《散花坞云海》《黄山颂》《光怪陆离泼彩黄山》等。刘海粟美术馆学术部副主任王欣说:"刘海粟后半生的国画成就主要表现在黄山题材的创作中,他的艺术人生在奇峻幻变的黄山写生中完美谢幕。可以说,黄山是刘海粟艺术创作的源泉。他与黄山之间的关系,用他在1954年第六次登上黄山之后写下的诗句,可以做最好的诠释:'昔日黄山是我师,今日我是黄山友。'在刘海粟的艺术人生中,黄山与他,是亦师亦友的关系。"

从 1918 年到 1988 年,从二十三岁到九十三岁,刘海粟在跨度达七十年的时间里,十上黄山写生。在"黄山是我师"的阶段,黄山是刘海粟艺术灵感的来源,它的钟灵毓秀、奇秀险重刷新了刘海粟对美的认识,也因此深得他的钟爱和崇敬。

刘海粟在黄山对景写生

1918 年,上海美专有一名老家在歙县的学生,约刘海粟去黄山写生。这是刘海粟第一次登临黄山,从此对"天下奇绝"的黄山一见倾心,心驰神往。自此神交心会,开启了七十年十上黄山之路。

在最初的阶段,是黄山教会了他大自然之美,让他对美的认识有了升华。

"1918 年头次上黄山,我是带着为探索上海美专办学方向,为寻找中国美术发展新路而来的。我在汤口买了几个馒头,徒步爬山,山路很差,险处要手脚并用,但黄山的风景吸引了我,松树的奇特,怪石的鬼斧神工,还有流动的烟雪,以及日出与晚霞,给我留下惊奇的印象,使我对美的认识有了新意、升华。所以我说,黄山教会了我认识美,我拜黄山是我的老师。"

在这个阶段,黄山以它奇绝、鬼斧神工之美,给刘海粟很大的震撼,也成为他艺术创作的源泉。从 1918 年到 1949 年前,刘海粟一共五次登临黄山,创作了大量以黄山为主题的作品。

刘海粟作品《虬松》

刘海粟作品《黄山狮子峰》

都说作品是画者心境的反映。在刘海粟早期以黄山为主题的作品中,大多以油画、国画为主,画面青山绿水,以写实为主。在构图上有浓厚的石涛的特色,把古松放在画面的中心位置,突出黄山古松的奇特。此时的绘画还没有后期的大气磅礴和中西融合的特点,但观者已能深切地感受到黄山古松的"孤",有很强烈的刘海粟个人色彩。遗憾的是,刘海粟早期的黄山之作都已丢失,现存作品最早的是他1935年11月四上黄山时所作的《虬松》。

1954年,刘海粟六上黄山,随身携带着友人钱瘦铁刻的一枚方印"黄山是我师"。六上黄山时,刘海粟正经历着人生的低谷。那时他正在潜心研究国画,在这次六上黄山之作中,可以看到他在油画与国画技法的融合上的尝试。《黄山狮子峰》即是以短笔触写成,它以国画的点簇为主,少量运用点彩的技巧,使中西画法互相结合,产生新姿。

黄山不仅是刘海粟艺术创作的老师、灵感的来源,它还是刘海粟精神上的支柱。刘海粟在中风严重、被打成"右派",身体和精神都受到严峻考验的岁月里,常在梦中听到黄山的松韵泉鸣,那是黄山对他的鼓励和召唤。

Liu Haisu 刘海粟

刘海粟作品《黄山莲花峰》

在《黄山谈艺录》中,刘海粟听到黄山对他的召唤:"来吧,松枝将拂去你心灵的灰尘,云海将洗去锁住你幻想的厚茧,山泉将把大地母亲最温馨的乳汁充实你的热能!朋友,肉体瘫痪将导致生命的雪崩,不可收拾!你没有毅力吗,为什么不敢回答?"

他内心有个声音回答道:"第一,我有重新站起来开始艺术生涯的信念;第二,我要做,不愿说,空话何益,请看行动!你有耐心永远这样鼓舞着我吗?"松林点头,山花微笑。

刘海粟的关门弟子袁拿恩跟着他三次登临黄山。他说:"在刘海粟和黄山之间,能看到彼此,海老的性格和黄山的性格一样,或者讲,海老画黄山好像在画自己,就像大自然中也有一个'刘海粟'。"黄山上很多岩石、松树看起来摇摇欲坠,似乎下一秒就要坠落,但却始终稳稳地屹立在那里,千年万年不倒。这和刘海粟的个人经历很相似,在他人生的艰难时期,尽管命运让他跌入谷底,他却依然能够重新站起来。这也是刘海粟喜爱黄山的原因,登黄山于他而言,是生命力的象征,他也借此向现实世界宣告胜利。

他再上黄山,已经是二十多

刘海粟作品《白龙潭》

年后了。1980年，八十五岁高龄的刘海粟应安徽省书画院邀请，七上黄山。这次阔别黄山二十五年后再度登临，让刘海粟像是见到了思念已久的亲人，有满腹的话要倾诉。在黄山上的三十多天里，他的创作力爆发，血液似乎被黄山云海中的火焰点燃了一般，脑子停不下来，画笔也停不下来。他以几乎一天一幅作品的速度，创作了《百丈泉》《白龙潭》《青恋舞雨》《黄山宾馆即景》等作品。

1981年刘海粟八上黄山，为人民大会堂绘制了一幅大泼墨的《黄山狮子林》，整幅画先用淡墨画出框子，再用墨水浇上去，浩渺苍茫，云雾缭绕，大气磅礴。

在作画时，他胸有成竹，运笔、用墨毫不迟疑。那次随同他一起登黄山的丁涛回忆大师在创作这幅画时的情形："作画时，他拿起盛墨的盆子就往纸上泼。我们当时都在看，担心再这么倒墨，这幅画就坏掉了。我们都担心着，只有海老胸有成竹。倒完之后，拿起笔只是加上几笔，便精彩得不得了。"这幅泼墨而成的《黄山狮子林》抓住了黄山的神韵，他笔下的黄山狮子林磅礴、隽秀、浩渺。

同行的围观者不禁问他："你多年没上黄山，为什么还能画得这样逼肖这样美呢？"

刘海粟这样回答道："朋友，我虽然和黄山阔别二十五载，但是这座宝山在我心中是有生命的活东西。我不断用爱滋养着她，正如她长期用坚定的信念在勉慰着我一样。在六上黄山的过程中，我对她的面貌个性，多少做过一些研究，光有热情，印象浅了，记不准，也不可能画出来。"他常常凭着记忆，画印象中的黄山。

人生进入暮年，黄山与他，已经转变成了亦师亦友的关系，既是老师，也是密友，他已经充分认识和理解了这位密友的精神。他曾这样谈及对黄山的体会："不同年龄段对黄山的感情是不一样的。六十岁以前，行动还能随心，来去自如，对黄山的探望，犹如一般的走亲访友，相见时道一声'别来无恙'，告别时挥一挥手，没有牵挂和眷恋。而往70岁以后就不同了，人老了，对于光阴也格

刘海粟作品《黄山颂》

外珍惜。"

八上黄山时，刘海粟已经八十六岁高龄，上山需要黄山上的轿夫抬着他，身边有多位跟随者，帮他拿笔墨纸砚和画板。

绘画时，他常常一坐就是两个小时，半天完成一幅画。每次他作画的时候，都全神投入，似与黄山在神交。画了多年的黄山，刘海粟对黄山的性格了如指掌：她变之又变，一天变几十次，无穷的变化，别的地方都没有这种变化。

七十年里十上黄山，从刘海粟跨度长达几十年的作品中，也能看出他在绘画艺术上逐渐走向成熟。在1949年以前五次登临黄山的作品中，大多以素描速写、油画写生等小尺幅作品为主。虽然这时他的作品已经有了很强烈的个人风格，但还没有形成后来为人们所熟悉的泼彩泼墨的风格。

1980年到1983年三年间，刘海粟连续三年登上黄山，这时的他潜心书画，进入了艺术的成熟期。这个时期的作品，大气磅礴的泼墨泼彩和肆意的骨法用笔，与黄山的气韵相得益彰。到这个时候，他与黄山，才真正成为互相读懂对方的师友。登黄山，对他来说，已经是一种精神上的跋涉和超越。

第六章

解读刘海粟

JIEDU LIUHAISU

刘海粟在中国画坛是一个争议颇多的人物，敬重他的人尊他为"艺术大师"、现代美术教育的拓荒者，反对者斥之为"艺术叛徒""蟊贼"。终其一生，对他的评价始终呈现两极分化。对于刘海粟的解读，需要从他多重的社会身份、他所处的时代背景去考量，才能较为客观公正地评价他的历史功过。

第一节

刘徐之争，百年恩怨

刘海粟在中国画坛是一个争议颇多的人物，敬重他的人尊他为"艺术大师"、现代美术教育的拓荒者，反对者斥之为"艺术叛徒""蟊贼"。终其一生，对他的评价始终呈现两极分化：这一方面源于他在民风尚未开化的年代里推行的一系列大胆创新之举，无论是开办美术学校，还是采用人体模特，都在当时的社会引起很大的争议；另一方面源于他多重的社会身份，艺术家、社会活动家、教育家等多重身份重叠，让他的性格呈现出多面性，甚至两极分化。对于刘海粟的解读，需要从他多重的社会身份、他所处的时代背景去考量，才能较为客观公正地评价他的历史功过。

在中国画坛，刘海粟与徐悲鸿之间的恩怨，是一个绕不过去的话题。这两个人都是中国画坛巨匠，桃李满天下，却终其一生都水火不容。他们之间的恩怨持续了将近一个世纪，直到徐悲鸿和刘海粟相继离世，这场"没有硝烟"的战争才宣告结束。

刘海粟与徐悲鸿之间最早结怨，起因于上海作家曾今可1932年在《新时代》月刊上发表的一篇文章。这年恰好刘海粟第一次旅欧回国，他的欧游作品展览会在上海北京路、贵州路口湖社开幕，为了给自己的展览做宣传，刘海粟特地邀请了当时新崛起的作家曾今可为自己的展览写了《刘海粟欧游作品展览会序》一文。

徐悲鸿

这篇序文后来发表在《新时代》月刊中，其中有一段话，成为刘海粟与徐悲鸿两人世纪恩怨的导火索："国内知名画家如徐悲鸿、林风眠……都是他（刘海粟）的学生。"

这段话随即引起了徐悲鸿的反弹，他于当年11月3日在《申报》上发了一篇《徐悲鸿启事》：

> 民国初年，有甬人乌某，在沪爱尔近路（后迁横浜路），设一图画美术院者，与其同学杨某等，俱周湘之徒也。该院既无解剖、透视、美术史等要科，并半身石膏模型一具都无；惟赖北京路旧书中插图为范，盖一纯粹之野鸡学校也。时吾年未二十，来自田间，诚悫之愚，惑于广告，茫然不知其详。既而，鄙画也成该院函授稿本。数月他去，乃学于震旦，始习素描。后游日本及留学欧洲。今有曾某者，写一文载某杂志，指吾为刘某之徒，不识刘某亦此野鸡学校中人否？鄙人于此野鸡学校固不认一切人为师也。鄙人在欧八年，虽无荣誉，却未尝持一

徐悲鸿作品《田横五百士》

与美术学校校长照片视为无上荣宠。此类照片吾有甚多，只作纪念，不作他用。博物院画，人皆有之，吾亦有之，既不奉赠，亦不央求。伟大牛皮，通人齿冷。以此为艺，其艺可知。昔玄奘入印，询求正教。今流氓西渡，唯学吹牛。学术前途，有何希望？师道应尊，但不存于野鸡学校。因其目的在营业欺诈，为学术界蟊贼败类，无耻之尤也。曾某意在侮辱，故不容缄默。惟海上鬼蜮，难以究诘，恕不再登。伏祈公鉴。

总结起来，徐悲鸿在文中提出了三点：第一，上海美专为"野鸡大学"。他虽然曾经受到上海美专广告的吸引，曾经短暂在上海美专学习，但发现这里"既无解剖、透视、美术史等要科"，也无"半身石膏模型"，数月后便失望地离开了。第二，曾今可是海上鬼蜮，他为了替刘海粟歌功颂德，拉上我徐悲鸿做陪衬；第三，刘海粟乃是牛皮大王，学术界之败类。

面对徐悲鸿如此猛烈的抨击，刘海粟自然咽不下这口气，他于11月5日在《申报》上刊发他的回应文章《刘海粟启事》，对徐悲鸿文中的几点一一做了回应：

第三卷第三期《新时代》杂志曾今可先生刊有批评拙作画展一

文。曾先生亦非素识,文中所言,纯出衷心,固不失文艺批评家之风度,不谓引起徐某嫉视,不惜谩骂,指图画美术院为野鸡学校。实则图画美术院即美专前身,彼时鄙人年未弱冠,苦心经营。即以徐某所指石膏模型一具都无而言,须知在中国之创用"石膏模型"及"人体模特儿"者,即为图画美术院,经几次苦斗,为国人所共知,此非"艺术绅士"如徐某所能抹杀。且美专二十一年来生徒遍海内外,影响所及,已成时代思潮,亦非一二人所能以爱恶生死之。鄙人身许学艺,本良知良能,独行其是,逸言毁谤,受之有素,无所顾惜。徐某尝为文斥近世艺坛宗师塞尚、马蒂斯为"流氓",其思想如此,早为识者所鄙。今影射鄙人为"流氓",殊不足夸。今后鄙人又多一个"艺术流氓"之头衔矣。……法国画院之尊严,稍具常识者皆知之,奉赠既所不受,央求亦不可得,嫉视何为?真理如经天日月,亘万古而长明。容有晦暝,亦一时之暂耳。鄙人无所畏焉。

刘海粟当时因为模特儿风波大战军阀孙传芳已经暴得大名,对于徐悲鸿所斥的"野鸡大学",并不以为耻,因为这已经成为他的光荣历史。所以他坦然承认学校初创之初的简陋,并无不幽默地欣然接受徐悲鸿给他扣上的"艺术流氓"的帽子。

11月9日,徐悲鸿再次发文,发起第二轮对战。文章中他称"唯知耻者,虽不剽窃他人一笔,不敢贸然自夸创造",暗讽刘海粟自夸创造,且剽窃他人的笔法。

但是针对徐悲鸿的这篇檄文,刘海粟并没有回应。据刘海粟后来回忆,当时报纸上两人你来我往的笔战轰轰烈烈,艺术圈几乎人尽皆知。蔡元培和梁宗岱看到后都写信给他,劝他说,你的名气比徐悲鸿大,如果再笔战下去,岂不是帮他提高知名度吗?刘海粟这才罢笔。

这场笔战是两人第一次公开挑明矛盾,正所谓文人相轻,徐悲鸿看不上非科班出身的刘海粟;刘海粟又觉着,徐悲鸿是来蹭自己热度的,靠着与自己的

刘海粟作品《烟昏雾暝千山雪》

笔战才"一战成名"。总之,这次笔战也拉开了两个人此生延续了几十年的较量,直至他们的生命走到尽头。

就在这次笔战之后不久,德国柏林中国现代绘画作品展览会的筹备工作就开始了。巧的是,在十二人组成的筹备委员会中,刘海粟和徐悲鸿都入选了当时的筹备委员名单。由于这次展览会的协议是刘海粟在柏林考察时与德国方面签署的,所以蔡元培任命刘海粟和高奇峰作为全权代表,赴德国处理筹备事宜。不久,高奇峰因病在上海逝世,刘海粟只好只身一人赴德工作。这让徐悲鸿心里很不痛快,很微妙地缺席了柏林中国现代画展的第一次筹备工作会议。

在作品评选的过程当中,大家质疑不断,报刊上也是各种骂战。在当时,这种国际性的画展,对画家来说无疑是极具吸引力的,选谁不选谁,评委心里都有一杆秤,在作品选拔上也难免有私情疏通。当时在评审委员会就有一种声音,认为刘海粟在选拔作品时"偏重南宗"。甚至有评委发表文章称,评委选拔不公,应该先对评委资格进行评选。

当发现展览会的诸多决策权都向刘海粟倾斜时,身为筹备委员的徐悲鸿对刘海粟表现出极度的轻蔑:"其得做成此举,非钱不行,苟无钱,则虽吾中国提倡艺术不遗余力之蔡先生,亦只徒呼负,故中德展览会之元勋,乃叶玉甫先生,苟无彼之四万五千元,则吹破伟大牛皮,亦必无几微效果。有四万五千元,则任何人亦办得了。"

到后来,徐悲鸿的不满情绪到了极点,他干脆置蔡元培等人的劝阻于不顾,另起炉灶,于1933年1月28日,抢在刘海粟前面,独自携带三百余件中国画,从上海乘法国邮轮赴法国等欧洲国家,举办了"中国近代画展",与柏林"中国现代画展"仅一字之差。这再次激化了徐刘二人的矛盾,蔡元培也因此对徐悲鸿不满,渐渐与之疏远。

中华人民共和国成立后,在当时的政治大环境下,以徐悲鸿为首的现实主义绘画成为艺术主流。徐悲鸿也正是新政府推崇的苏联艺术模式的积极推动者，因此得到新政府的重用，被任命为中央美术学院院长、中华全国美术工作者协会主席等重要职务。第一届中华全国文学艺术家联合会上，徐悲鸿当选为美术界的委员，其他当选的还有江丰、古元、齐白石等，却没有刘海粟的名字，他已经被美术界边缘化了。

在徐悲鸿春风得意的时候，反观刘海粟，在很长一段时间里都过得很不如意。1952年，刘海粟被任命为华东艺专校长时，徐悲鸿对这个任命不满。1953年6月，他给当时的文化部副部长周扬写信，"抗议汉奸刘海粟出任华东美专校长"，紧接着在7月再度致信周扬，信中连连发问，要求刘海粟交代他的"汉奸问题"。周扬当时并没有对徐悲鸿的"举报"作出回应，把这件事压下了。

令徐悲鸿不满的还不止于此。1953年第二届文艺工作者代表大会召开之际，各省都上报了代表名单，身为中华全国美术工作者协会主席的徐悲鸿一眼就在名单里看到了刘海粟。徐悲鸿夫人廖静文后来回忆："各省报名单，我记得上海的名单里第一个就是刘海粟。悲鸿当时是美协主席，看到刘海粟的名字后，马上就抗议了。"在徐悲鸿看来，一个在抗日时期跟日本人关系不清不楚的人，怎么能担任文艺界代表呢？

9月23日，徐悲鸿在主持全国第二届文代会的时候因操劳过度，脑溢血复发，于9月26日病逝。随着徐悲鸿的离世，对刘海粟的"汉奸问题"的追问自然也就不了了之，他才没有被从华东艺专的位置上撤下来，不过这一切刘海粟都是被蒙在鼓里。

实际上，徐刘两人之间的恩怨并未随着徐悲鸿的去世而结束。1979年，刘海粟"文革"后复出之际，文化部为刘海粟安排在中国美术馆举办个人画展，徐悲鸿的遗孀廖静文获悉后，上书多个部门，"揭发"刘海粟的"历史问题"，文化部对她提到的刘海粟的诸多"历史问题"一一做了澄清。

1985年，在刘海粟九十华诞之际，讲述刘海粟传奇人生故事的电视剧《沧海一粟》正式开拍。廖静文得知后，再次提出抗议，写信给当时的总书记胡耀

徐悲鸿与廖静文　　　　　　　徐悲鸿作品《负伤之狮》

邦，要求彻查刘海粟的问题。在胡耀邦的要求下，中宣部安排新华社记者宣奉华深入调查，对刘海粟的历史问题做了翔实的情况报告。

直到1994年刘海粟逝世，随着这段公案中的两位主角相继作古，这段世纪恩怨才最终落下帷幕。

刘徐二人这段中国画坛的公案，表面上是源于文人相轻，徐悲鸿不愿被当作刘海粟的学生而起，但从根本上来说，这并非个人恩怨这么狭隘，而是对于美术发展趋向认知的不同。

徐悲鸿出国的时候，正值两次世界大战，中国绘画未能经过全面的写实洗礼，徐悲鸿从国情出发，选择写实主义，因为他不希望艺术仅仅只是供有钱人、贵族观赏的阳春白雪。

而刘海粟出国的时候，欧洲后印象派正火，他一下子敏锐地抓住这个潮流，从塞尚、梵·高、毕加索这些后印象画家的画作中学习新的绘画技艺，这恰恰是推崇写实主义的徐悲鸿所不齿的。

1929年，和徐志摩曾在上海一家杂志进行公开论战时，徐悲鸿否定了西方现代主义大师的成就，认为"马奈之庸，雷诺阿之俗，马蒂斯之劣"，他尤其对塞尚提出了批评，认为他的作品"虚、伪、浮"。从他对这些后印象派画家的不屑评论中，也不难理解他会以被当作刘海粟的学生为耻。

第二节

被时代误读的猖狂

在中国画坛,刘海粟无疑是最具有争议的艺术家之一,对他的评价往往呈现出两极分化。崇拜他的人,把他奉为"艺术大师""新文化运动拓荒者",不屑者斥他为"艺术叛徒""艺术蟊贼""猖狂",认为他"满口谎言",不足为信。

这固然有他天性中自由、叛逆的因素,但更重要的是,他横跨了一个世纪的人生中拥有多个方面,他不仅仅是艺术家、教育家,同时还是社会活动家和中国现代知识分子群体中的一员。这些身份集于一身,让刘海粟充满了矛盾感,遂从不同的侧面会产生不同的解读。

刘海粟的官方定论,是中国新美术运动的拓荒者、现代美术教育的奠基人。他的很多身份都是围绕着上海美专而

刘海粟作品

展开的,了解了上海美专在中国艺术教育史上的意义,也就能理解刘海粟是如何游走在不同身份之间,在角色的转换中,推动上海美专的发展。

在创办上海美专时,刘海粟尽管才十七岁,但已有十分明确的办学理念。他所处的清末民初的中国,社会动荡不安,人人都忙于生计,无暇顾及对美的追求。那个时代的绘画是很商业化的。刘海粟女儿刘蟾回忆说,在那个年代,绘画是为商业服务的,比如脸盆上要画一幅画才能卖得更好。

"现在中国社会的混沌,能够惊觉一般人的睡梦。"他要传播美术思想,在昏暗的社会中促使人们觉醒。他认为普及美育,美化人生、社会,内求心灵之美,外求形式之美,必须抓好学校的艺术教育。

到1924年,刘海粟的美育思想趋于成熟,他提出:"艺术教育就是把艺术的精神,通过教育以培养育化人类美的本能和美的感情;同时还促使这美的本能向上发展和美的感情向外表现,普遍地培养出良善的健全的人类。"

他的美育思想演变,也可以从这一时期上海美专的教学实践中看出轨迹。刘海粟曾以"不息的变动"来概括上海美专的发展历程,那就是紧扣时代脉搏,不断调整、变革。上海美专的课程设置也体现了刘海粟的美育思想:他把原来

黄宾虹

黄宾虹作品

"随意科"的图画、音乐工艺课程定为必修课，并亲自汇编了一套图画教材；1914年，上海美专增设夜科；1916年，绘画科正科修业期限改为二年，选科分设八种，由学生选择；同年6月改绘画科为西洋画科，除学实技外，理论并重；1918年，增设技术师范科，实技手工、图画并重。除了学制、科目的不断调整之外，刘海粟领导下的上海美专首创户外写生、人体模特儿、男女同校等教学实践。

刘海粟的美育思想受到蔡元培"闳约深美"的影响。他曾这样对这四个字做过阐释："'闳'，就是知识要广阔；'约'，就是在博采的基础上加以慎重的选择，吸收对自己有用的东西，人生有限，知识无穷，不能把摊子铺得太大，以便学有专长；'深'，就是钻研精神，要入虎穴得虎子，锲而不舍，百折不回；'美'，就是最后达到完美之境。"

刘海粟一直把这四个字贯彻在上海美专的教学实践中。在上海美专时期，他便十分注意开拓学生的知识领域，尽量邀聘全国闻名的学者来校传道授业。在上海美专做演讲的名人名单中，有西画系的李毅士、吴法鼎、王济远、江新、李超士等人，也请外籍教授普特尔斯基与斯托宾执教素描；中国画系有黄宾虹、潘天寿、张大千、谢公展、吴王之、王个簃、郑午昌等人，另有李健、朱复勘、顾鼎梅、马公愚等人教授书法篆刻；音乐系除黄自、贺绿汀、谭抒真、丁善德、马思聪

Liu Haisu 刘海粟

刘海粟作品《寒岩积雪》

等教授外，还有琵琶名家卫仲乐、古琴大家郑觐文等。

在学生课余时间，特邀欧阳予倩来指导话剧活动，排过郭沫若的两幕剧《聂莹》和董每戡写的三幕剧《C夫人的肖像》，这些活动，不仅丰富了学生的课余生活，而且使学生汲取到各种文化营养。宋代词人陆游有句教子的名言："尔果欲学诗，工夫在诗外。"

刘海粟常以此教导青年学子，认为就画学画难以大成，必须广收博览，新颖、独特的创造才可能涌现。

刘海粟还是一位社会活动家。上海美专的校董名单上，既有辛亥革命元老、民国首位教育总长蔡元培，也有杜月笙、黄金荣这样的上海滩大亨，还有商界名士王一亭、钱铭飞等。固然背后有蔡元培的引荐，但刘海粟能够在不同价值取向的社会名流之间游刃有余地周旋，也足以说明他是一个有个人魅力和号召力的社会活动家。

在那个年代，他与不同党派之间的蒋介石、郭沫若、陈独秀等都有交集。1936年刘海粟第二次赴欧洲举办中国美术展览会回国后，受蔡元培、宋庆龄、章士钊等人之托，到南京探望被关押在南京老虎桥监狱的陈独秀。

他给狱中的陈独秀带去了蔡元培赠送的《尔雅》以及一些生活用品，另外还有一幅自己在黄山的写生作品《孤松图》。早在1921年，刘海粟应蔡元培之邀北上讲学时，因蔡元培生病住院，刘海粟去医院探望时，就在病房中遇到了时任北大文学院院长的陈独秀。两人虽从未谋面，却也一见如故。

1938年11月上海沦陷，租界成为日军包围中的"孤岛"后，刘海粟收到郭沫若的密信："我求您的是请您做保人，将政治部在上海被扣留人员保出……使他们早日免掉缧绁之苦，则不啻感同身受也。祝你这个叛徒愈朝'叛'的一方面走！弟沫若上。"郭沫若当时为国民政府军事委员会政治部第三厅厅长。

1943年11月，刘海粟在上海办书展，《申报》上刊登的消息显示，举办者是刘海粟的友人张一鹏，其系当时汪伪司法部长，出席画展的也有当时著名的汉

简繁　　　　　　　　　　　　　　　刘海粟与学生简繁在黄山

奸林庚侯、陈彬和之流。

刘海粟在抗日时期与日本人也打过交道。虽然他在抗战初期到南洋筹赈画展，筹款抗日，但后期与日本人握手言和，成为日军的座上宾。

在《沧海一粟》中，简繁这样评价自己的老师："他一方面赞同孙中山的革命，一方面却拜保皇的康有为做老师。还有他与中国近代史上的许多代表人物的关系，怎么说呢，刘海粟就像海里的一只章鱼，他的脚很多。"

在那个动荡的年代里，在夹缝中求生存的刘海粟，这种游走在不同的党派、社会圈层之间，在教育家、社会活动家和艺术家之间不断切换身份的能力，才让上海美专这样一所私立学校，在战乱的年代里，在派系斗争中获得喘息的空间。

第三节

刘海粟美术思想

刘海粟的美术思想,与其自身80年的美术活动和人品人格密不可分。欲研究其美术思想,需先考察其艺术人生。正像他自己所说:"生命的价值并不在时间的长短,而在是否利用了这有限的生命,去为自己的民族创造物质与精神财富。""人生的道路不可能一帆风顺,坎坷固然毁灭过人,也造就过很多强者,在严峻的岁月中,和人民同甘共苦,总会得到课堂所学不到的真知识,个人幸福必须从属整个民族的幸福。"

第一,刘海粟认为美术具有极重要的社会启蒙作用。刘海粟一生,是为了中国美术事业奋斗的一生。80年,他没有一天不为中国美术事业而努力奋斗着,究其原因,是在于他

刘海粟作品《黄山云海奇观》

一直坚持认为：美术，实在是一个民族、一个国家迈向文明富强道路的重要武器和必经之途。刘海粟年轻的时候，深受蔡元培教育思想影响，蔡元培首先提倡"美育"，倡议在国民中开展美术教育，刘海粟深以为然，并将此思想作为贯彻一生的根本指导思想。1912年，刘海粟17岁的时候，与乌始光、张聿光等创办"上海图画美术院"，就提出"美育救国"的口号，他曾说："救国之道，当提倡美育，引国人以高尚纯洁之精神，感其天性之真美，此实为根本解决的问题。"他在成立美术院的宣言中又特别指出："在残酷无情、干燥枯寂的社会里，宣传艺术的责任，艺术能救济民族烦苦，惊觉一般人的睡梦。"在那个特殊的时代，刘海粟敏锐地看到了美术的作用，认识到要让国家兴旺和人民觉醒，必须要首开民智，提高国民素质；而提高国民素质，普及美术教育，是自己责无旁贷的义务。这种强烈的与爱国主义相结合的美术思想，在当时的美术家中颇为突出，他在其后的美术教育和美术实践中，也时时抱定这一宗旨。

纵观刘海粟的一生，充满坎坷，布满荆棘。他年轻的时候，由于"裸体模特儿"事件，遭受了很多非议，但他勇敢的与封建势力、反动军阀进行斗争，并最

晚年的刘海粟　　　　　　刘海粟在写生

后取得了胜利。抗日战争爆发后,他孤身一人远去南洋,辗转印尼、马来西亚和新加坡,为抗战筹赈,宣扬抗战精神。在新加坡,他对华侨青年说:"吾人论人格,不以人为标准,以气节为标准,不论何人,凡背叛民族,不爱国者,必须反对,气节乃中国人之传统精神!唯有气节者,能临大节而不可夺。"在印尼,他被日寇诱捕,押回上海,险至丧命。为了保全学校,他与日伪艰苦周旋,并指示在上海的师生"读书不忘爱国,不向伪教育部登记,不理会来文表格,不受节制,不参加集会,不领取配给米",并以自己的房契作押,贷款解决学校开支和学生生活。1948年5月,在上海,学生组织爱国大游行时,美专进步同学被国民党政府逮捕,他卖画筹款,设法营救学生。上海解放前夕,国民党匆忙撤退,好多人劝他离开上海。他考虑再三,坚定地留下了,为学校,为祖国的美术教育事业继续奋斗。这一切的坚持与斗争,都建立在他"美育救国"的美术思想上。

第二,刘海粟认为美术是广义的,而不只是一种艺术门类。考察刘海粟的艺术人生,无论创作还是理论,他的实践和思想,几乎涉及中国现代美术领域的所有重要方面。这既是历史时代造就的,也是其一生努力的结果。刘海粟美术思想,表现出他对美术认知的超脱与新高度。刘海粟认为美术是广义的,不仅是绘画、雕塑和实用美术,还包括工艺、音乐和美术教育。1918年,他在《致江苏省教育会所提倡美术意见书》中指出:"美术之为类,既繁且广,美术之为学,亦至深至博。美术可算是艺术科的总称，图画可以当作美术，音乐、工艺也是可以叫美术的。"在上海办学过程中，他也坚持将音乐归到美育范围中来，并称之谓"时间美术"，而把图画称作"平面美术"，雕塑和工艺称为"立体美术"。由于他对美术的广义理解，上海美专与其他美专不同的是设有音乐科、工艺（手工加艺术）和艺术教育科。刘海粟为时人所"诟病"的"商业气息重"，其实也正反映了他对美术的广义理解。身处上海这个商业大都市，他降低了美术学校的入学门槛，率先实行男女学生兼收，废除了考试制，采用成绩考查法，让学生兼学西画和国画。既能使学生扩大艺术视野发挥综合艺术效应作用，又能适应就业选择以满足社会需要。而设立艺术教育科，也是为了培养更多当时稀缺的美术教育者，使美术的种子更快地撒遍全国，以达到他普及美育的目的。以今天的眼光观之，刘海粟当年的创新之举具有强烈的现实意义，对今天的美术教育，也有很好的借鉴意义。

第三，刘海粟坚持"融合中西以创新"的美术实践主张。刘海粟的美术实践，一贯以"融合中西以创新"作为指导方针，尊奉"沟通传统，并迎合世界潮流"，在学习西方先进的美术思想之外，时刻不忘民族的根基。他曾经说："作为扎根于中华土地上成长起来的画家们、艺术家们，其事艺的宗旨，不只是为了画几幅好画，出几件好作品而传世扬名，更要提升境界，发展东方固有的艺术，研究西方艺术的蕴奥，唯其如此，民族的文化艺术，民族的绘画才能在世界艺术之林中永葆青春，光彩常驻。"五四运动之后，外来艺术浪潮涌向中国，一夜之间，"全盘西化"的理论成为时人口头禅，有激进者甚至主张汉字拉丁化。作为离经叛道的代表人物、美术界的"艺术叛徒"，刘海粟却不认同、也不主张"全盘西化"。20世纪80年代，当美术界出现"中国画已经走到了尽头"的奇怪论调时，刘海粟还是反对"全部西化"，并以耄耋之身，画了更多的国画。他在《拭目待天葩》一文中说："既要有历史眼光，纵览上下两千年的画论画迹，又要有囊括中外的世界眼光，凡属健康向上可以吸收的东西，都要拿过来，经过冶炼升

刘海粟作品《黄山人字瀑》

华,作我们民族艺术的血肉,对古人和外国人都要不亢不卑,冷静客观,要厚积薄发,游刃有余,随心所欲不逾矩,达到自由和必然统一的境界。"他在自己的创作中,常以国画的眼光来看现实,因此他的油画又富有国画的内涵,突出的主题、明显的线条和国画笔墨的笔触,加上画景的诗意,使他的油画别具一格。而他的国画,既有传统的章法和笔墨,又有西洋画的质感和空间感,特别是晚年的泼墨及泼彩作品,色彩鲜丽,光影交融,突破了中国画固有的格局,打造出了一片崭新的天地。

第四,刘海粟美术思想的核心是崇拜自由和热爱生命。刘海粟的艺术理论中,非常强调自由与生命的力量对于艺术家的影响。他认为,真正的艺术家,必然是精神自由、热爱生命、热爱美的人。1923年3月18日发表于《学灯》杂志上的《艺术是生命的表现》一文,较为透彻地阐明了他的这一观点。他在文中写道:"创作艺术应当不受别人的支配,不受自然的限制,不受理智的束缚,不受金钱的役使;而应该是超越一切,表现画家自己的人格、个性、生命,这就是有生命的艺术,是艺术之花,也是生命之花。"他认为"真正的艺术家必有'正其义不谋其利,明其道不计其功'的精神",要耐得住寂寞,坚守艺术家的品操。1925年,他在题《西湖写景》中就明确说过:"画之真义在表现人格与生命,非徒囿于视觉,外骛于色彩、形象者。"当时的刘海粟,还处于其美术创作的开始阶段,就已经形成了这一理论思想及艺术见识。

此后,在刘海粟漫长的艺术生涯中,对自由世界的赞颂,对生命之美的无尽热爱,一直贯穿在他的思想及艺术创作中,直至暮年,没有丝毫更改。1978年,刘海粟在为中国美术馆做《中国画的继承与创新》演讲时,特别提到:"我已经八十多岁了,在这样伟大的时代,我是充满着激情,好像美术学院的学生一样,走到哪里画到哪里,这是艺术生命恢复青春。艺术家对于时代,对于生活如果失去了爱,艺术生命就停止了。"他的艺术创作,之所以热情洋溢、独树一帜,首先就在于他的激情,在于他对时代、对生活炽烈的爱。这种对生活的激情和深爱,往往是成就大师、巨匠的极为重要的条件。

刘海粟追求自由、礼赞自由,一生表现自由。对于艺术生命的追问,他如此表述:"童心在,艺术生命永恒,很重要,童心意味着幻想、创造,意味着纯真、坦白、诚实。艺术创作离开了纯真,就没有生命了。"赤子之心,自由天地,正如刘海粟非常推崇的大艺术家、大雕塑家罗丹所言"艺术家是说真话的""像在艺术领域的其他部门一样,诚挚是唯一的法则",刘海粟的作品告诉我们,艺术家的纯真和独立,对好的艺术作品的产生具有积极的意义和影响。

第五,刘海粟的美术是有个性、独创的艺术。他强调,艺术作品中的人格和个性、思想和感情,是艺术家在追求真、美过程中独特的发现,以及为被表现对象所感染而生发出的情境寄托。刘海粟举例说:"譬如绘画,个性刚强的人,喜欢热烈的色调;性格沉默的人,就喜欢冷静的色调。两个气质不同的人,拿同一个对象去作画,他们所表现出的色彩感觉,也是不相同的,不能强使划一。倘若强使他们划一了,就等于剥夺他们的生命。"他还接着说:"所以艺术表现,要内部的激动越强越好,越深刻越好。表现在画面上的线条、韵律、色调等,是情感

百年巨匠
Century Masters

刘海粟作品《瓜瓞图》

168

刘海粟作品《漓江》

在里面,精神也在里面,生命更是永久的存在里面。"在《谈造型艺术》一文中,他写道:"艺术的精神绝不是在模仿自然,绝不是仅仅在求得一片自然的形似,而是表现自然的精神,也表现了艺术家的气质、情操与个性……自然只不过供给艺术家以种种素材,要使这种种素材融合成一种新的生命,融合成一个完整的新世界,这便是艺术家的高贵的自我创造!"

拿刘海粟晚年的泼彩画来说,遒劲雄深、苍浑滋润的墨彩呈现出不凡的气度,正是刘海粟个性的体现,也是其独特的创造。人到晚年,刘海粟潜心于泼墨、泼彩之法,大力探索泼彩画,他的泼彩山水、泼彩荷花等以泼墨为基础,结合中国画传统青绿画法,糅合西方绘画的光色表现,开创了独属于他自己的艺术天地。凡是具有生命力的、感人的艺术作品,必然与其独特的个性和创造性联系在一起。因循守旧、人云亦云、模仿抄袭的艺术,无生机可言。刘海粟将艺术与生命的表白紧密联系在一起,不仅揭示了艺术的实质,更是艺术必须高于个性的最坚实的依据。正如柯灵题词:"治白话文学史,不能无胡适、陈独秀;治新文学史,不能无鲁迅;治新电影史,不能无夏衍;治新美术史,不能无刘海粟。"刘海粟做艺术家,不愿意做一般的艺术家,而是一定要做走在前面的艺术家,他最终无疑是做到了。